JÚRI
INSTRUMENTO DA SOBERANIA POPULAR

N268j Nassif, Aramis
 Júri: instrumento da soberania popular / Aramis Nassif.
2. ed. rev. e amp. – Porto Alegre: Livraria do Advogado Ed.,
2008.
 152 p.; 23cm.
 ISBN 978-85-7348-529-5

1. Júri. 2. Tribunal do Júri. I. Título.
CDU 343.195

Índice para o catálogo sistemático:
Júri
Tribunal do Júri

(Bibliotecária responsável: Marta Roberto, CRB 10/652)

Aramis Nassif

JÚRI

INSTRUMENTO DA SOBERANIA POPULAR

2ª EDIÇÃO
Revista e Ampliada

livraria
DO ADVOGADO
editora

Porto Alegre, 2008

© Aramis Nassif, 2008

Capa, projeto gráfico e diagramação
Livraria do Advogado Editora

Revisão
Rosane Marques Borba

Direitos desta edição reservados por
Livraria do Advogado Editora Ltda.
Rua Riachuelo, 1338
90010-273 Porto Alegre RS
Fone/fax: 0800-51-7522
editora@livrariadoadvogado.com.br
www.doadvogado.com.br

Impresso no Brasil / Printed in Brazil

Lorenzo, Gonçalo, Santiago e Giordano:
o vovô vai ser o técnico, tá?

Há cem anos um Juiz de Direito, na comarca de Rio Grande, Estado do Rio Grande do Sul, entendeu que normas da Constituição Estadual violavam princípios da Carta Nacional, deixando de aplicá-las. Assim, manteve as recusas imotivadas dos jurados e o sigilo das votações dos quesitos.

Foi processado e condenado na Corte Estadual por prevaricação.

Defendido perante o Supremo Tribunal Federal por Rui Barbosa, foi absolvido.

A tese absolutória, entre outras sustentadas pelo eminente jurista baiano, foi a independência do juiz.

Homenageio a magistratura do meu Estado com a evocação do nome de Alcides Mendonça Lima, o juiz-réu, o juiz condenado, o juiz absolvido por ser independente na interpretação e aplicação do Direito.

Sumário

Notas introdutórias 9
1. Autoritarismo e Democracia: bases para um Conceito Constitucional de Júri . 15
   1.1. Breve introdução 15
   1.2. Algumas considerações históricas 15
   1.3. O debate doutrinário 23
   1.4. Reflexões para um Conceito Constitucional 25
2. Participação popular e os lindes jurídicos 33
   2.1. A participação do povo no exercício do poder 33
   2.2. Os lindes jurídicos 35
   2.3. Casuísmos 37
3. Sujeitos do Júri e a investigação sociológica 41
   3.1. Introdução 41
   3.2. Requisitos e arregimentação dos jurados 41
   3.3. O Juiz de Direito, pena e atuação 44
   3.4. A investigação sociológica necessária 45
4. Competência: questão política, social e filosófica 49
   4.1. Introdução 49
   4.2. A vida como bem juridicamente tutelado 50
   4.3. A desconsideração do fato psicossocial 52
   4.4. Consideração do fato psicossocial 54
   4.5. Ampliação da competência do Júri? 59
   4.6. A questão da lei 64
   4.7. O inconveniente julgamento de prefeitos 65
   4.8. Conexão e continência 68
5. Impronúncia e o direito ao estado de inocência 75
   5.1. Introdução 75
   5.2. Estado de inocência, dignidade e estigmatização 77
      5.2.1. Estado de inocência 77

  5.2.2. Estigmatização pelo processo 78
  5.2.3. Dignidade como Direito Fundamental 81
 5.3. *Judicium accusationis* 83
 5.4. Direito à absolvição: instrumento processual 87
  5.4.1. O direito à absolvição 87
  5.4.2. Analogia como instrumento processual 88
 5.5. Conclusão 91
6. Plenário: teatralização e linguagem 93
 6.1. Perspectivas 93
 6.2. Teatralização 94
 6.3. Linguagem 98
 6.4. Ética 99
7. Júri: a participação "de qualquer modo"................................ 101
 7.1. Introdução 101
 7.2. Denúncia e a descrição do fato criminoso 101
 7.3. Restrições à plena defesa e contraditório 105
 7.4. *Nullum crimen, nulla poena sine praevia lege poenali* 106
 7.5. Julgando além do Direito 109
 7.6. Esquecendo a Constituição 111
8. Apelação no Júri: a linguagem inconstitucional dos acórdãos.............. 113
9. Os processos de Júri e as Leis 9.099/95 e 10.259/01 123
 9.1. Introdução 123
 9.2. *Judicium accusationis* 124
 9.3. Crimes dolosos contra a vida e o *sursis* processual 124
 9.4. Conexão e continência. Competência do Júri e do JEC 126
 9.5. Conexão e continência. Suspensão do processo...................... 128
 9.6. Vencimento do prazo da suspensão ou sua revogação e o Júri 130
  9.6.1. Anterior ao julgamento pelo Júri 130
  9.6.2. Posterior ao julgamento pelo Júri 131
  9.6.3. Concursos de Crime 132
  9.6.4. Tentativa de crimes dolosos contra a vida 133
 9.7. *Judicium causae* 134
  9.7.1. Desclassificação própria 134
  9.7.2. Desclassificação e os Juizados Especiais Criminais 134
  9.7.3. Desclassificação e a suspensão condicional do processo 135
  9.7.4. Desclassificação imprópria 136
10. Reforma no CPP e os quesitos mínimos: extinção do Júri 139
 Referências biliográficas 149

Notas introdutórias

1. A construção de uma sociedade justa que reconheça sua própria diversidade cultural exige a participação ativa de seus cidadãos em questões e fenômenos acidentais que são eficazes para romper com a harmonia social, implicando isto submeter à dita inteligência jurídica brasileira, a humildade de transferir ao cidadão leigo a decisão sobre um determinado fato, que não se resolve em teoremas ou lógicas simplistas que afetam o pensamento dogmático-jurídico nacional, e que só podem ser identificados pela sensibilidade comunitária, seja para aprovar, seja para desaprovar a conduta desarmônica.

A maior dificuldade com que se depara quem pretenda escrever sobre o Tribunal do Júri e, mais temerariamente ainda, defender a instituição, é a reação da maioria dos juristas que sustenta, insistentemente, que não é possível pessoas comuns julgar seus semelhantes pelo cometimento de crime doloso contra a vida, haja vista seu despreparo técnico-jurídico.

Nos artigos que compõem o presente trabalho, todavia, pretende-se demonstrar, entre outras questões polêmicas ou não, que o Tribunal do Júri não é órgão do Poder Judiciário e, sim, instituto político de porte constitucional, sendo possível tão-somente desta constatação extrair o seu conceito.

Um estudo breve das Constituições brasileiras demonstra que o Júri perde prestígio nos momentos autoritários de sua história e o retoma quando o regime se aproxima da democracia. Não se trata de simples coincidência nem ocorre por mero acaso.

Quando o legislador, constituinte ou ordinário, na depuração histórico-constitucional, promoveu a especialização do júri como garantia e direito fundamental do cidadão, e afastou de sua competência o julgamento de outros crimes que não os dolosos contra a vida, ainda que sem intenção clara e objetiva neste sentido (mas sim instintivamente), manteve com o juiz leigo o exame do fato que é comum a todos e que se resume em natural capacidade e possibilidade de matar outrem, justificada ou injustificadamente, qual seja, o atentado doloso contra a vida. Matar alguém é o crime sem o estereótipo do marginal, ainda que seja ele o maior freqüentador do banco dos réus.[1]

2. Entende-se que a carapaça jurídica formada ao longo dos estudos universitários, cursos de preparação para concurso e carreira dos juízes de direito, compromete a isenção necessária para julgamento do fato humano que, maior das vezes, vai embalado por sentimentos e emoções que não se confundem com regras de direito, seja para beneficiar o acusado, seja para censurá-lo mais gravemente. Por isto mesmo que ao magistrado é reservado apreciar a matéria jurídica obrigatoriamente incidente nos respectivos processos judiciais, excluindo, ao mesmo tempo, seu julgamento, vez que poderia manter-se vinculado ao impasse dogmático da conduta-tipo, e não da conduta-fato social.

Basta ver, para ilustrar a tese, que se uma mulher grávida de um feto anencéfalo requerer judicialmente o seu abortamento; provavelmente o juiz, única autoridade a decidir a respeito, diante das hipóteses legais pertinentes, negará o pedido; mas, se mesmo assim, a mãe ou o médico que proceder à interrupção da gravidez – ato descrito como crime no Código Penal – durante o respectivo julgamento encontrará, possivelmente, a compreensão de seus pares comunitários e conquistará a absolvição pelo Tribunal do Júri. Nenhum dos juízes (de direito e de fato) está errado, mas a sensibilidade dos jurados estará próxima da justiça.

3. A instituição tem sérios problemas que merecem e podem ser consertados. Entre eles destaca-se a escassez das informações

---
[1] Relembra-se que o latrocínio – crime contra o patrimônio –, o homicídio culposo e a lesão corporal seguida de morte, não são fatos levados a julgamento pelo Tribunal do Júri.

interdisciplinares que possam contribuir para maior elucidação do fenômeno manifestado na violência humana.

É que a história social do evento não é bem contada no dossiê inquisitorial ou ao longo da instrução criminal, vez que aos operadores do direito basta a descrição do fato como modelo típico, e todo o empenho investigatório é dirigido esclarecer o evento como resultado, afastando-se do exame das causas criminogênicas.

A investigação do fato como fenômeno social, psicológico e até mesmo antropológico é desprezada e isto empobrece a carga de esclarecimentos que deveriam enriquecer o debate e contribuir para a compreensão mais ampla dos jurados durante o julgamento. Mas, interessante observar, todavia, que o julgador popular, pela liberdade que se lhe outorga a lei para a construção de sua convicção íntima, poderá considerar estes aspectos para decidir, ainda que sem qualificação científica, o que lhe é mais concedido como sentimento intuitivo, favorecido por estar dispensado de fundamentar a decisão..

4. Observa-se, entre os temas desenvolvidos, que a dignidade do cidadão, como fundamento de toda a sociedade democrática e justa, encontra, por razões de dogmática jurídica, séria violação quando se trata de impronunciar alguém que deveria ser absolvido e que o seria pelo juiz singular.

Veja-se que, sempre que um juiz de direito, em julgamento de crimes de sua competência, tiver dúvida sobre a autoria ou existência do fato, absolverá o agente; já o juiz-presidente do Tribunal do Júri, no encerramento da *judicium accusationis*, não poderá fazê-lo, pois as absolvições compossíveis estão elencadas no artigo 411, CPP, ou seja, quando ocorrer a existência de causas excludentes da criminalidade ou da culpabilidade.

Em circunstâncias que tais, resta-lhe prolatar sentença de impronúncia e nada mais pode ser feito sobre a indignidade de uma acusação que não se sustentou durante a instrução preliminar. Assim, o Estado imputa a prática de um fato criminoso e não consegue a necessária sustentação probatória para sequer ser considerada admissível a pretensão acusatória (mera pronunciação), perpetuará a imputação, sem jamais conceder ao réu o direito de ser absolvido.

Mantém-se a estigmatização e a desonra de um processo judicial injusto.

Talvez uma medida cível, como sugerida ao longo deste estudo, seja possível.

5. Por todo momento ouvem-se manifestações de indignação pela 'teatralização" no tribunal do Júri, sustentando tais críticos que os jurados estariam sendo sensibilizados mais pela interpretação do que pelo direito.

Subestima-se o Conselho de Sentença, a capacidade de reação da parte contrária e o poder de polícia do juiz de direito.

Primeiro, porque o jurado é um ser humano pensante, inteligente e capaz de discernir eventual engodo que possa ser surpreendido na interpretação do debatedor; segundo, porque ela pode ser neutralizada pela parte contrária com argumentos eficazes para, até, inverter a intenção do adversário; porque a teatralização antiética pode e deve ser coibida pelo magistrado.

A preocupação desnecessária e equivocada é, novamente, com o jurídico.

Mas, o mais importante é que a teatralização pode traduzir-se em responsável e adequada informação aos jurados. De lembrar que ele julgam o fato, a desenvoltura cênica pode traduzir a verdade do evento em exame, distante no tempo e no espaço do Conselho de Sentença, distâncias que podem ser reduzidas pela atuação "teatral" dos operadores de plenário.

Não se pensa que o teatro em plenário possa adulterar a verdade dos fatos, mas se espera dele a consciência de sua transformação em informação sobre o fato.

Não é exigível para quem quiser revitalizar a cena afirmada criminosa pelo órgão acusador, que se lhes recuse o desafio da comunicação como intérprete para sustentar a afirmação acusatória, e ao defensor para revogá-la, dirigindo-se a uma platéia (jurados) desconhecida, até então passiva, talvez contrariada, para despertar-lhe o interesse em sua mensagem, cuidando ou desviando dos delicados sinais de desatenção ou de eventual aborrecimento.

6. Quando se trata do questionário, o debate apaixonado na jurisprudência e na doutrina, naquela como fonte inexaurível de

nulidades e, nesta, como críticas e aplausos a fórmulas legais ou sugeridas na sua formulação, diz respeito aos quesitos levados como indagação aos jurados e que está longe de encerrar-se, mormente quando se aproxima a reforma do CPP, que afetará profundamente o respectivo questionário.

A preocupação dirige-se em dois sentidos: um, quanto à equivocada interpretação da lei pelos tribunais que admitem a indagação da doentia autoria genérica em caso de concurso de agentes; outro, quanto à reforma do Código de Processo Penal, que pretende alterar o sistema de quesitação para reduzir o número de indagações, a pretexto de simplificar o julgamento.

Não é difícil perceber nas propostas em exame no Congresso Nacional a tomada do caminho da simplificação que, ao ver deste estudo, significará irremediável prejuízo à instituição, se não o mais duro golpe que ela vai sofrer, a ponto de comprometer sua própria existência em futuro breve.

Acusa o texto a vocação xenófila híbrida e sua inadequação ao sistema processual brasileiro que versa sobre o Tribunal do Júri, principalmente no que diz respeito à incomunicabilidade que, por si, faz do júri brasileiro o melhor do mundo.

Sobre a segunda preocupação, destaca-se num segmento do trabalho que algumas fórmulas adotadas e exigidas pelos tribunais e juízes brasileiros para os quesitos são cruéis e injustas, especificamente a que, em hipótese de concurso de agentes, adota o malsinado quesito sobre a autoria genérica ("qualquer modo"), naquilo que se denuncia como o mais grave perverso erro ao tratar do tribunal popular.

7. A falta de sensibilidade dos tribunais amplia-se face às apelações das decisões do Júri quando afirmadas serem elas manifestamente contrárias à prova dos autos (art. 5893, III, *d*, CPP), onde não observam a necessidade de equilíbrio entre as partes e redigem seus acórdãos em linguagem agressiva e sem qualquer cautela ou preocupação com o novo julgamento.

Há, em tal situação, uma agressão tão grande contra os preceitos constitucionais que regulam processo penal, que se pode afirmar que as Cortes estão fazendo uma avocação oblíqua e perversa do feito, ao manifestar sem moderação ou com parcialidade ao quadro probatório, promovendo uma intervenção direta e invasiva no ânimo dos jurados. Dificilmente eles, juízes leigos, conseguirão ficar imunes à manifestação dos juízes dos colegiados e, assim, obliquamente, tais magistrados conseguem ser, ao fim, os verdadeiros julgadores.

8. Inescapável, por fim, um exame das Leis 9.099/95 e 10.259/01, que afetaram profundamente a competência do Tribunal do Júri, como de mais, de todos os processos do sistema jurídico brasileiro.

9. Partes do tema foram objetos de outro livro – O *Júri Objetivo* – e que, pela ampliação dos debates e polêmicas criadas ao longo dos anos, e, ainda, pelos novos artigos desenvolvidos nesse mesmo tempo, vão retomadas para, ao mínimo, com a intenção de provocar reflexões em torno dessa instituição tão cara a democracia do país: o Júri.

É verdade que os textos podem ser examinados teoricamente desde os mais distintos pontos de vista, pondo em relevo os prós e contras o Tribunal do Júri, mas sempre pensando em justificar sua existência e defendendo ardentemente sua preservação.

Mais adiante que a diversidade de opiniões sobre o tribunal popular possa haver, existe um fato que se manifesta cada vez com mais evidência: tal como está se produzindo o processo de transformação do sistema processual, o espírito reformador correspectivo deve ser o de adaptação cultura conjuntural do júri sem afetar a possibilidade de se manter a incolumidade dele como garantia do cidadão, e não como objeto de uma visão eminentemente jurídico-dogmática.

A vontade legislativa da modernização do processo penal brasileiro não poderá desconsiderar o traço diferencial estratificado na sociedade brasileira, e que este deve ser o motivo do afastamento da cultura impelida pela dogmática de dominação e imposição do tribunal, quando exercem sua intervenção indireta nos julgamentos dos tribunais popular, agredindo a vocação social levada aos feitos pelos cidadãos brasileiros. Leigos? Melhor para a justiça.

1. Autoritarismo e Democracia: bases para um Conceito Constitucional de Júri

1.1. Breve introdução

Gênese inspiradora da análise que segue neste segmento está em Rui Barbosa ao elaborar em 1895 a defesa de Alcides de Mendonça Lima, que sustentava a inconstitucionalidade da Carta gaúcha face a Constituição Federal de 1891,e, por isto, determinou que nos julgamentos populares que presidia, fosse observada a possibilidade de recusas imotivadas de jurados pelas partes e fosse preservado o sigilo da votação do questionário. O ilustre baiano, na defesa do magistrado gaúcho, concluiu que *não é, com efeito, o júri unicamente uma instituição jurídica: é uma criação política de suprema importância no governo constitucional* (Obras Completas, p. 159, v. XXIII).

A doutrina, mesmo sem aprofundar a matéria, e mais timidamente ainda a jurisprudência nacional, têm demonstrado dificuldade para conceituar o Tribunal do Júri resolvendo, com raras exceções, em situá-lo na estrutura orgânica do Poder Judiciário do país.

A disgressão histórico-constitucional para um conceito mais científico é imperativa.

1.2. Algumas considerações históricas

A configuração inicial da instituição dentro da sistemática jurídica brasileira ocorreu em 18 de junho de 1822, meses antes da declaração da independência, com competência deferida ao julgamento dos crimes de abuso de liberdade de imprensa e, como curiosidade, note-se que eventual recurso tinha como instância destinatária a "real mercê" do Príncipe Regente. Evidenciava-se a intenção tutorial da Corte portuguesa contra a crítica à sua representação brasileira colonial.

Não há como deixar de identificar os momentos cruciais da história constitucionalista brasileira como configuradores do perfil do Tribunal do Júri.

A Constituição imperial de 25 de março de 1824, definindo o Júri como um dos ramos do Poder Judiciário, estabeleceu em seus artigos 151 e 152 que o "Poder Judicial é independente, e será composto de juízes e jurados, os quais terão lugar, assim no cível como no crime, nos casos e pelo modo que os Códigos determinarem", e os "jurados se pronunciam sobre o fato, e os juízes aplicam a lei".

A Carta imperial nasceu com a marca da arbitrariedade do Poder Executivo, detentor da força. Dom Pedro I, percebendo o ideal constitucionalista de brasileiros envolvidos na sua elaboração, investiu contra o que afetava as conveniências do Imperador.

Desentendeu-se com os Andradas e, depois, contra a própria Assembléia Constituinte, dissolvendo-a em 12 de novembro de 1823, sem excluir francas hostilidades anteriores. Sucedeu-a o Conselho de Estado, presidido pelo Imperador, responsável pelo projeto que resultou na primeira Carta constitucional brasileira, com pequenas alterações.

Mesmo assim, promulgou-se uma Constituição qualificada pela influência libertária, conseqüente às ocorrências históricas, especialmente as reflexivas da revolução francesa, às quais teve de adaptar-se para pacificação do ânimo republicano, sem comprometer, porém, os pressupostos imperiais. Por 65 anos tal objetivo foi alcançado.

Assim foi o início da verdadeira história do Júri brasileiro, que se confunde com o do primeiro momento emancipacionista nacional. Pela coincidência defendida, é de lembrar que a Carta de 1824 consagrou os direitos e garantias fundamentais, declarando, em seu artigo 179, invioláveis os direitos civis e políticos baseados na liberdade, na segurança individual e no direito de propriedade.

O instrumental formal-jurídico para sustentar a defesa dos direitos individuais jamais foi implementado satisfatoriamente.

A Lei nº 261, de 3 de dezembro de 1841, alterou a vocação liberal da Constituição, eliminando o "júri de acusação", quadro minimizado, não sem vitimar ilustres brasileiros,[2] pela Lei 2.033, de 20 de setembro de 1871, regulada pelo Decreto imperial nº 4.824, de 22 de novembro de 1871, redefinindo a competência do júri para toda a matéria criminal. O Júri começa a tomar contornos estritamente nacionais.

Situando o tema entre as garantias outorgadas a brasileiros e estrangeiros residentes no país, a primeira Constituição republicana (24 de fevereiro de 1891), em seu artigo 72, § 31 (*É mantida a instituição do Júri*), preservou o Tribunal Popular, ainda que com novo caráter jurídico-constitucional.[3]

O evidente desencanto com a experiência imperial envolvia nova imagem política para o Brasil e, nas relações intestinas, não se descuidou o legislador republicano do Tribunal do Júri, para ampliação dos ideais liberais proclamados em movimento, revolucionários anteriores, como o exemplo gaúcho da tentativa de criação República do Piratini (1835).

A instituição, deslocada do sistema orgânico judiciário para a "Declaração dos Direitos" (art. 72), tinha a nítida marca ideológica de Rui Barbosa – seu defensor intransigente – agora com este caráter, não sendo à toa que foi ele – "Águia de Haia" – o autor do projeto nº 1, de 15 de novembro de 1889, em que o "governo Provisório da República dos Estados Unidos do Brasil" proclamava e decretava a forma de governo brasileira: a República Federativa.

---

[2] Segundo Ary de Azevedo Franco (1956, p. 13), a Lei nº 261 cerceara a instituição do júri, sacrificaram-se "... o ex-regente do Império, Diogo Antonio Feijó, Rafaeal Tobias de Aguiar, Gabriel José Rodrigues dos Santos, e outros insignes brasileiros, capitaneando a revolta de São Paulo". O autor cita, ainda, Teofilo Otoni e Padre Marinho como entusiastas e inspiradores do movimento de reação.

[3] Ary Azevedo Franco (1956, p. 14) chama a atenção para Firmino Whitaker: "(...) ponderando que basta atender-se à epígrafe da seção onde tal preceito foi enunciado – declaração de direitos – para conhecer-se que toda a matéria aí contida é de direito material ou substantivo, na expressão de Bantham; é um conjunto de preceitos que visam à garantia da liberdade, propriedade e segurança individual, e que livres se acham do Poder Legislativo que aos Estados foi outorgado (...)."

O eminente Wilson Accioli (1981, p. 78) defende que, "a despeito de alguns publicistas discordarem, o fato é que há fundamento justificado na assertiva de que teria Rui Barbosa redigido, quase que por inteiro, a Constituição de 1891. Em verdade, ingente foi o esforço do grande brasileiro, não só na elaboração do Estatuto Básico como na defesa e interpretação de seu texto. Procurou ele, por todos os modos – conforme patenteamos – preservar o espírito republicano de que era reflexo a Constituição, explicando ao povo, através da tribuna e dos jornais, sua essência e escopo".

Ao defender o insigne juiz gaúcho Mendonça Lima junto ao Supremo Tribunal Federal,[4] Rui Barbosa manifestou sucintamente seu pensamento a respeito da instituição e, portanto, assim disposta na Carta republicana: "(...) não só a defesa de um magistrado que neste rápido improviso se empreende, mas a dos dois elementos que, no seio das nações modernas, constituem a alma e o nervo da liberdade: O Júri e a independência da magistratura". Mais adiante, disserta que "a questão que neste feito se vai resolver, decidirá dos destinos do Júri entre nós, determinando se a República o acolhe, nos termos da nova Constituição, *como um dos elementos estáveis do regime atual*, ou se o arrisca ao variado das escolas, das facções e das seitas, a que a fortuna política entregar o Governo, na União, ou nos Estados" (Edgar Costa, 1964, p. 69).

A Constituição de 1891, de cunho eminentemente federalista, consagrou a autonomia política dos Estados Federados, identificando-se com a estrutura norte-americana. As unidades federativas passaram a legislar sobre o Júri, e a respeito o Estado do Rio Grande do Sul criou-o de forma singular, merecendo destaque a Lei nº 19, de 16 de dezembro de 1895, regulamentadora da instituição. Neste texto legal foi determinado que "as sentenças do júri serão proferidas pelo voto a *descoberto* da maioria" (art. 65, § 1º) e que "os jurados *não podem ser recusados*; à medida, porém que forem sendo sorteados, poderão as partes opor-lhes suspeição motivada, que será decidida pelo Presidente do Tribunal" (art. 66).

---

[4] O magistrado gaúcho insistiu em manter as recusas imotivadas de jurados e o sigilo das votações, não previstas na lei estadual que versava sobre o Júri. Por tal foi processado e condenado pelo Corte do Estado e em seu recurso perante o Supremo Tribunal Federal foi representado pelo eminente Rui Barbosa. Ao longo deste texto serão feitas mais considerações sobre este julgamento.

A instituição resistiu à turbulência política que marcou o fim do século 19 e o primeiro terço do século 20.

O desânimo com a tentativa de reforma de 3 de setembro 1926, que trazia alterações a respeito da intervenção federal nos Estados, atribuições do Poder Legislativo, do processo de elaboração legislativa, da competência da Justiça Federal e *dos direitos e garantias individuais*, alimentou a suspensão de vários dispositivos da Carta de 1891, de vez que idéia reformista foi atropelada pelo movimento revolucionário de 1930 e não chegou a afetar o antigo texto estatutário, mesmo com seu divórcio da realidade política brasileira.

O Tribunal do Júri não integrava a reforma pretendida.

O Decreto n° 19.398, de 11 de novembro de 1930, mesmo mantendo em vigor as Constituições federal e estaduais, praticamente as revogou, mantendo escassas regras, entre elas as relativas ao Tribunal do Júri.

Instigado pelos movimentos constitucionalistas, especialmente o de 9 de julho de 1932, também conhecido como Revolução Paulista, em que pese vencido, o governo viu-se na contigência de convocar a Assembléia Constituinte em 1933.

Embalados pelas idéias da Constituição de Weimar, na ressaca do pós-guerra (1ª Guerra Mundial), a Carta de 1934 nasceu inflada por várias vocações ideológicas. O constituinte tentava satisfazer os vários segmentos sociais na Nação e conciliar o texto maior com a realidade política da Nação.

O Tribunal do Júri foi tratado como órgão do Poder Judiciário, visto que situado no Capítulo "Do Poder Judiciário", mas redigido de maneira que autorizava sua confusão com a regra da Carta de 1891: art. 72. "É mantida a instituição do Júri, com a organização e as atribuições que lhe der a lei".

Ary Azevedo Franco (1956, p. 15) transcreve excerto da opinião de Castro Nunes a respeito da nova disposição constitucional sobre o Júri: "Passou a ser mero aparelho judiciário, mas de existência obrigatória no organismo, cortadas apenas as dúvidas, nos rumos já pacíficos da jurisprudência, quanto à latitude reservada ao legislador ordinário para adequar às conveniências da justiça".

Afetando diretamente a instituição em estudo, a Constituição de 1946 restabeleceu a unidade federal legislativa, subtraindo aos Estados, entre outras iniciativas, o direito de regulamentar o Tribunal do Júri.

A Carta, todavia, teve efêmera existência.

Em 10 de novembro de 1937, quando se avizinhava o fim de seu mandato, o presidente Getúlio Vargas dissolveu a Câmara e o Senado, revogou a Carta de 1934 e outorgou à Nação a Constituição de 10 de novembro de 1937. Inaugurava-se o Estado Novo, de vocação notadamente ditatorial.

Causou perplexidade a ausência de norma tratando do Tribunal do Júri na Constituição que, por sua similitude com a da Polônia, recebeu o metonímico de "Polaca".

A omissão provocou clamor entre juristas, resultando que o Júri foi reconhecido existir pela primeira vez, sem expressa referência na Carta nacional. Assim está colocado no Decreto-Lei 167, de 5 de janeiro de 1938, certo como órgão do Poder Judiciário. Este Decreto, mais tarde, foi incorporado ao Código Nacional de Processo Penal.

A sociedade jurídica repudiava a primeira tentativa de alijamento da instituição do contexto estatutário maior e desprezou a pretensa redução hierárquica do Júri.

Basta ver que Francisco Campos, na Exposição de Motivos do Decreto-Lei 167, aduziu que: "É motivo de controvérsia a sobrevivência do Júri após a Constituição de 10 de novembro (...) A improcedência do argumento é, porém, manifesta (...) O que cumpre indagar é tão somente se a instituição do Júri está compreendida no preceito genérico do art. 183 da nova Constituição, que declara em vigor enquanto não revogadas 'as leis que, explícita ou implicitamente, não contrariarem as disposições desta Constituição' (...) A resposta não pode deixar de ser afirmativa. Se outros méritos não tivesse o tradicional instituto (são bem conhecidos os argumentos formulados em seu favor) teriam pelo menos, o de corresponder a um interesse educacional do povo e o de difundir, no seio deste, a nítida noção e o apurado sentimento da responsabilidade que lhe cabe como participante da atividade do Estado".

Assim é que, mesmo sem referência expressa na Carta, a instituição manteve seu *status* constitucional, de vez que não revogada (e tal foi legalmente reconhecida) a norma anterior – da Constituição de 1934 – que tratava de sua existência jurídica.

Dizendo respeito diretamente à instituição, registra-se que poderia decorrer dos julgamentos a condenação à pena de morte para os homicídios cometidos por motivo fútil e com extremos de crueldade, posto prevista constitucionalmente.

A Lei constitucional nº 9, de 28 de fevereiro de 1945, acenava com o fim do ciclo de arbitrariedade, introduzindo várias emendas à Carta de 1937, ainda sem considerar o Júri, já devolvido à sociedade pela legislação ordinária.

A "Polaca" não resistiu ao fim da Segunda Guerra Mundial.

A Constituição de 1946 proclamou entre os "Direitos e Garantias Individuais" que era "mantida a instituição do Júri, com a organização que lhe der a lei, contanto que seja ímpar o número de seus membros e garantido o sigilo das votações, a plenitude de defesa do réu e a soberania dos veredictos. Serão obrigatoriamente de sua competência os crimes dolosos contra a vida" (art. 141, § 28).

A nova Carta foi reflexo da vocação democrática mundial, quando a humanidade estava traumatizada com o conflito mundial e exasperada com os regimes totalitários. Ela reflete uma reação que não foi marcadamente nacional. Diversos países, especialmente da Europa e da América Latina, recriaram seus regimes constitucionais, buscando novos horizontes democráticos.

Entre vários autores que comungavam do mesmo sentimento, até mesmo em nível de crítica, perfilou-se Pontes de Miranda na identificação desta com a Carta de 1891. Mas sustentou "que tendente à volta de 1891, a Constituição de 1946 representa a maior parcela dos três caminhos – democracia, liberdade e igualdade" (1969, p. 25)

Impregnado desta tendência, estava instalado o Júri no contexto estatutário nacional.

A expressão "soberania dos veredictos" é a maior manifestação de respeito à vontade popular no restrito limite dos julgamentos do colegiado.

Quase vinte anos após, até então quase incólume à emenda, passou a Constituição a sofrer a pressão da arbitrariedade resultante do golpe de 1964.

Promulgada em 24 de janeiro de 1967 e vigente a partir de 15 de março do mesmo ano, a Carta que sucedeu o diploma de 1946 veio marcada pelo amparo à doutrina da Segurança Nacional, centralizando o poder da União e ampliando os do Presidente da República.

Mas o Tribunal do Júri manteve-se na configuração anterior, elencado entre os direitos e garantias individuais, determinando a Carta que "são mantidas a instituição e a soberania do Júri, que terá competência no julgamento dos crimes dolosos contra a vida". (art. 150, § 18)

Certamente, foi a Constituição de existência mais efêmera na história constitucionalista brasileira, uma vez que o ciclo ditatorial exigia mais força e poder.

A Emenda Constitucional nº 1/69, em verdade era nova Constituição, fruto de momento dramático da história contemporânea (impedimento do presidente Costa e Silva, rejeição ao vice-presidente Pedro Aleixo – civil – assunção da Junta Militar e recesso forçado do Congresso). Foi promulgada em 17 de outubro de 1969, vigendo a partir do dia 30 do mesmo mês e ano.

Mantendo o Júri entre os direitos e garantias individuais, a Emenda tratou de afirmar que "é mantida a instituição do Júri, que terá competência no julgamento dos crimes dolosos contra a vida" (art. 153, § 18).

Como se pode constatar da leitura da norma, foi cassada a soberania dos veredictos.

Despreza-se, pois, ainda que nos lindes do Tribunal do Júri, de competência limitadíssima, a vontade do povo. Amplia-se para alcançar a instituição a vontade de não se considerar a voz popular como voz da justiça. Enfim, um gesto político ofensor da evolução do instituto.

Redemocratizado o país, a Constituição de 1988 não só manteve a instituição entre os direitos e garantias fundamentais (art. 5º, XXXVIII), como restabeleceu a soberania dos veredictos e limitou-se a definir competência mínima de seus julgamentos, mantendo, todavia, como preceito constitucional e exclusivo, a relativa aos crimes dolosos contra a vida.

A atual Carta é reflexo de amplo movimento popular e de intensa movimentação política. É fruto de atitudes corajosas e da persistência de um povo inteiro, cansado de arbitrariedade, em busca do resgate de sua integridade político-jurídica.

O compulsar da dinâmica constitucional do Brasil reflete as modificações do Júri, restando sobejamente demonstrado que é uma instituição política, sujeita às sanções antidemocráticas ou aprovação nos momentos de restauração moral e jurídica do país.

1.3. O debate doutrinário

A oscilação da história constituinte na localização do Júri em nossas várias Cartas perpetuou a indagação sobre a natureza da instituição: órgão do Poder Judiciário ou direito e garantia individual?

Enfrentando o tema com ampla remissão ao trato dado ao mesmo por outros eminentes doutrinadores, Hermínio Alberto Marques Porto (1990, p. 28) aduziu que é "forçada a presença da instituição do Júri no rol dos direitos primeiros e naturais do homem, necessários à sua integral dignidade na vida social, especialmente quando o exercício da atividade jurisdicional está equacionado por garantias constitucionais. Mesmo em períodos de eclipses da plenitude democrática, o julgamento dos crimes dolosos contra a vida e tradicionalmente entregues à competência da Jurisdição Penal ordinária, não sofre restrições maiores ou interferências; todavia, é observável que nos mesmos períodos o combate à instituição do Júri recebe reforços, e assim acontece certamente porque na sessão de julgamento existem tribunas livres e, por isso mesmo, públicas".

Insiste que o Tribunal do Júri está incluído entre "os órgãos que exercem a Justiça Penal ordinária".

Entre as decisões referentes à matéria no Superior Tribunal de Justiça, e quando se discutia a respeito da competência para julgamento de um prefeito homicida, foi destacado no voto, adotando o parecer do Ministério Público, que "é que a Lei Maior trata do júri popular como garantia fundamental e reconhece-lhe a soberania dos veredicto", concluindo, mais adiante, que "a atuação de órgãos diversos integrantes do Judiciário, com duplicidade de julgamento, decorre do próprio texto constitucional, isto por não se lhe poder sobrepor preceito de natureza estritamente legal" (RT 703/349, maio de 1994). O aresto manteve a competência do foro especial ao Prefeito, restringindo, pois, a do Tribunal do Júri, em reconhecendo, apesar da referência inicial, paradoxalmente, que o instituto é órgão judiciário.

Mesmo com esse aval, que faz garantia respeitável de grande número de estudiosos, não consigo superar algumas dúvidas e por isso divirjo do mesmo.

É verdade que algumas Constituições – 1824 e 1934 – dispensaram tratamento orgânico judiciário ao Tribunal do Júri.

Todavia, ao menos a de 1934, ainda que distribuindo a matéria junto ao Poder Judiciário, remete à Constituição de 1891, quando expressa que é "mantida a instituição do Júri", e não, por óbvio, à de 1824, esta sim, dando trato de órgão judiciário ao tribunal popular.

Restaria induvidosa a vocação nesse sentido apenas da Constituição Imperial e, mesmo, por tratar de competência dilargada, alcançando questões de direito privado, sem conotação de garantia fundamental, gerou um Tribunal que não foi acolhido pela tradição brasileira.

Não há como dispensar das considerações desse texto a conotação política da vontade do legislador, ante o momento histórico da evolução constitucional. Por óbvio, como já referido, os reflexos na instituição em estudo.

Karl Marx, citado por José Enrique Molina Vega (1985, p. 45), aduziu que "en la monarquia tenemos que el pueblo deriva de la constitución, mientras que en la democracia la constitución deriva del pueblo. La democracia és el sistema donde se resuelve el misterio de todas las constituciones. En ella la constitución es efectivamente, y no solo en esencia o implicitamente, la obra del pueblo mismo. Solo en la democracia la constitución es lo que aparenta, es decir, el producto libre de la voluntad humana. Incidentalmente resulta entonces obvio que como todas las formas de Estado tienen la voluntad popular, es decir la democracia, como su fuente de verdad, todas ellas son por lo tanto falsas en la medida en que no son democráticas".

Coteje-se a origem da Constituição Imperial, praticamente outorgada por Dom Pedro, após a violência perpetrada contra a

Assembléia Constituinte e a Carta de 1891, inaugurando um novo momento na história da Nação, representando o movimento republicano vencedor uma nova era democrática. Naquela, o Júri como órgão judicial, e nesta, distinguido como direito do cidadão.

A fracassada revolução de 1935, de iniciativa dos comunistas, mas com o apoio de ampla maioria da intelectualidade nacional (antifascista), reunida na "Aliança Nacional Libertadora", desaguou no golpe de 10 de novembro de 1937. E o júri, não coincidentemente, foi alijado do texto constitucional emergente.

Ao término da Segunda Guerra Mundial, derrotados o fascismo e o nazismo, a intelectualidade jurídica despertou e impressionou os constituintes com o esteio democrático do Júri. É de lembrar que a Constituição de 1946, restabelecendo constitucionalmente este Tribunal, sucedeu a de 1937, ditatorial, que o abolira de sua sistemática.

A de 1967 resistiu inicialmente, mantendo as características melhores do Tribunal do Júri, mas teve sucedâneo na Emenda 1/69, outra Carta, com o arrocho político e reflexos no Júri, afetando a soberania do colegiado popular.

Não foi diferente com a Constituição de 1988: restaurou-se o respeito à instituição, não coincidentemente com a volta da normalidade político-constitucional.

Em todos os momentos históricos destacados, os juristas desenvolveram os mais emocionados temas sobre a legitimidade da representação popular na elaboração dos textos legais.

Em todos eles o Júri foi revigorado, símbolo que é dos anseios democráticos do povo brasileiro.

Ora, reorientada a matéria para especificar a competência em torno de temas penais, fundamentalmente na envolvência dos crimes dolosos contra a vida, dispensando tratamento de garantia e direito do cidadão, é evidente o afastamento do Júri dos órgãos do Poder Judiciário.

1.4. Reflexões para um Conceito Constitucional

Merece registro especial o tratamento dispensado, analiticamente, por Ministros do Supremo Tribunal Federal, do Superior Tribunal de Justiça, de juristas renomados, ao Poder Judiciário no livro *Judiciário e a Constituição*, Saraiva, em 1994.

Examinando, em longos e eruditos textos, a situação do Poder Judiciário no Brasil, seus autores, em nenhum momento, em nenhuma linha, em nenhuma palavra, referiram-se ao Tribunal do Júri. São impressionantes os números estatísticos, as considerações e análises feitas ao sistema judiciário sem que se destine a menor referência à instituição popular. Aliás, por uma questão de amor à verdade, diga-se que em um gráfico demonstrativo de cronograma do Poder Judiciário, num pequeno círculo, existe referência ao "órgão" (p. 97).

Descaso? A meu ver não se trata de negligência ou desconsideração com o instituto, inadmissível pela estatura técnica e moral dos autores, sem excluir sua autoridade judiciária. Trata-se de omissão voluntária pela dificuldade de dispensar tratamento orgânico ao Júri, como peça integrante do Poder Judiciário.

Não parece aceitável, ainda, que o rol do art. 92 da Constituição Federal não seja exaustivo. Admitir que o sejam seria vulnerar o texto constitucional com a possível criação, até mesmo em leis infraconstitucionais, de novos órgãos do Poder Judiciário. O mesmo efeito seria produzido se admitida sua ampliação por exercício de hermenêutica de outros dispositivos constitucionais.

Assim, sem eficácia ampliativa em relação ao texto federal, os constituintes estaduais do Rio Grande do Sul e de São Paulo incidiram em promulgação de norma inconstitucional ao elencar o Tribunal do Júri como órgão do Poder Judiciário nas respectivas Cartas das referidas unidades federativas.

Mais: o artigo 93, Inc. IX, da Carta torna imperativo que "todos os julgamentos dos órgãos do Poder Judiciário serão públicos e fundamentadas todas as decisões, sob pena de nulidade (...)".

Seria, pois, inconstitucional a decisão dos jurados, que não a motivam ou fundamentam, decorrente de um resultado majoritário na quesitação?

Onde estaria a autoridade legal para dispensar a fundamentação constitucionalmente exigível para os órgãos do Poder Judiciário, ao Tribunal do Júri? Certamente que não na lei infraconstitucional.

De tal resulta que o art. 493 do Código de Processo Penal[5] ou é inconstitucional por contrariar o preceito constitucional da fundamentação das decisões judiciais,[6] ou, o que o bom-senso recomenda interpretar, foi recepcionado pela Constituição sem entraves, visto que trata de decisão de natureza diversa da do Poder Judiciário e seus órgãos.

Certamente que tais indagações merecem melhor atenção dos doutos. Não se pretende alcançar os extremos da tese de Kirchmann,[7] mas a mim conforma a convicção de que o Tribunal do Júri, em não sendo órgão do Poder Judiciário, decide pela maioria dos votos no momento em que lhe é proposto o questionário originário das teses acusatórias e absolutórias, "(...) porque ninguém nega, ainda nos dias de hoje, e apesar das transformações das concepções democráticas, o direito de ser o acusado julgado por seus semelhantes, direito individual porque todos reconhecem ao acusado o direito de ser julgado acima das normas inflexíveis e rígidas da lei, a que um juiz togado está obrigado, julgando, de acordo com as condições locais, as normas dos padrões morais da sociedade ou coletividade em que vive e onde cometeu o crime" (Ary Azevedo Franco, 1956, p. 24).

O desembargador Feu da Rosa (Seleções Jurídicas, COAD, 1989, p. 24) lembrou de Roberto Lyra ao enfrentar a matéria: "Um dos grandes defensores da plena liberdade e soberania total do júri foi Roberto Lyra que o via como um tribunal composto por representantes do povo, para um julgamento livre, 'expressão de autenticidade e vitalidade democráticas', definindo o júri como 'instrumento de direitos e garantias individuais, e não somente peça do Poder Judiciário'".

---

[5] CPP: "Art. 493 – A sentença será fundamentada, salvo quanto às conclusões que resultarem das respostas aos quesitos, e lida pelo juiz de público, antes de encerrada a sessão do julgamento".

[6] É possível imaginar as consequências da exigência de fundamentação da decisão dos jurados nas indagações seguintes, que não abrange todas as dúvidas: Quem fundamentaria? E a convicção íntima? E as divergências entre os jurados?

[7] Julius A. Von Kirchmann, apud "Crítica e Desmistificación del Derecho", Eduardo Novoa Monreal (1985, p. 31). Segundo o autor, Kirchmann proclamou que: "Un pueblo debe saber lo que el derecho requiere en el caso dado y debe consagrar-se con amor a este derecho", radicalizando um pouco mais ao conclamar que "se devolverá la jurisdición al pueblo no sólo respecto de la cuestión de hecho sino también en cuanto a la questión de derecho, no sólo en asuntos criminales sino también en procesos civiles".

A presença do magistrado a presidir o Tribunal do Júri não pode vincular, conceitualmente, a instituição à sistemática orgânica do Judiciário.

Mutatis mutandis, é de lembrar que o Senado Federal não se converteu em órgão do Poder Judiciário quando presidido pelo eminente Ministro Sydney Sanchez, então presidente do Supremo Tribunal Federal, por ocasião do julgamento do ex-presidente Collor.

Sua condição de Presidente do Senado, naquela histórica oportunidade, decorria de ser membro-presidente do órgão maior do Poder Judiciário, e o exercício de sua função estava restrito aos atos de jurisdição, de cujo poder estava legalmente investido, submetida, todavia, sua sentença, nos limites do decidido pelos senadores da República.

Naquela, como nesta instituição, a presença do juiz decorre da necessária intervenção jurisdicional, posto alguns atos serem de sua competência privativa, isto é, serem atos privativos de quem é titular do poder jurisdicional. Exemplos: tomada de compromisso, requisições, recebimento de denúncia, prolação de sentenças, inclusive de pronúncia etc.

Na sistemática jurídica brasileira, não haveria Tribunal do Júri sem essa intervenção judicial, visto que os jurados, mesmo compromissados, não são investidos na jurisdição.

Além das considerações supra, outro argumento merece ser colacionado para encaminhar como definitiva, não só a declaração de que o Tribunal do Júri não é órgão do Poder Judiciário, como é a garantia fundamental de ser julgado pelo povo, na representação diferenciada da oficial: trata-se investigar a *mens legislatoris*.

É certo que o "legislador opera com valorações sobre os tipos de situações, reais ou hipotéticas, valorações sobre o gênero ou espécie de situações, enquanto o juiz completa a obra do legislador, porque, em vez de avaliar os tipos de situações em termo de gênero e espécie, avalia as situações individuais em termos concretos. Há, pois, uma diferença incontestável entre a operação do juiz e a do legislador, embora usem ambos a mesma lógica. O essencial na obra do legislador não é o texto da lei, mas é o pensamento dos valores que a lei visa" (Fernando L. Coelho, *apud* Manfredi Mendes Cerqueira, 1985, p. 120).

Acontece que, no primeiro momento da gênese da norma na Assembléia Nacional Constituinte de 1988, perante a *Comissão de Soberania e dos Direitos e Garantias do Homem e da Mulher* (e não na que tratava dos Poderes da União), o anteprojeto do Relator tinha assim redigido o art. 1º: "São direitos e garantias individuais: (...) Inc. 16: É mantida a instituição do Júri (...)". No mesmo sentido, concorreram as emendas de Paulo Macarini, Vasco Alves, Brandão Monteiro, Nilson Gibson[8] e outros. Vê-se, pois, registrado que jamais se cogitou de ter o Tribunal do Júri como órgão do Poder Judiciário, sendo claramente definido na formação legislativa como direito e garantia individual.

Assim foi com o anteprojeto dessa subcomissão[9] e as emendas encaminhadas nessa fase.

Na *Comissão da Soberania e dos Direitos e Garantias do Homem e da Mulher*, dentro da *iter* legislativa, no Título I (Dos Direitos e Liberdades Fundamentais), Capítulo I (Dos Direitos Individuais) a emenda substitutiva do Relator da Comissão, no Inc. XVIII (a Segurança Jurídica), alínea *q*, arrolava a instituição do Júri. O anteprojeto veio referir, no art. 3º, que "são direitos e liberdades individuais, (Inc. XIX, alínea *q*), (...) a instituição do júri (...)"

O anteprojeto da *Comissão de Sistematização*, na fase pré-plenária afirmava os *direitos e liberdades individuais* (art. 13), elencando entre eles a segurança jurídica (inc. XV) e nessa a instituição do júri (mantida). Essa peça antevia o Tribunal do Júri com competência *exclusiva* para julgamento dos crimes dolosos contra a vida. O projeto da Comissão descrevia no art. 12, Título 2, os *direitos e liberdades fundamentais* e como direitos *individuais* (capítulo I), a segurança jurídica (Inc. XV) e nessa a instituição do Júri (alínea *p*), enquanto as emendas repetiam a pretensão aditiva ou modificativa de seus signatários.

---

[8] O deputado Nilson Gibson encaminhou sua emenda com a seguinte redação: "Dá-se ao inc. 16, do artigo que define os direitos e garantias individuais a seguinte redação: "É mantida a instituição do júri, com a organisação que lhe der a lei, assegurado o sigilo da votação, a plenitude da defesa do réu e a soberania dos veredictos, com os recursos processuais cabíveis, a ele competindo o julgamento dos crimes dolosos contra a vida, a economia popular e o mercado financeiro".

[9] "Art. 1º – São direitos e garantias individuais: (...) 17 – É mantida a insituição do Júri, com a organiozação que lhe der a lei, assegurado o sigilo das votações, a plenitude da defesa do réu, a soberania dos veredictos, com os recursos previstos em lei, a ele competindo o julgamento dos crimes dolosos contra a vida".

Os substitutivos do Relator trataram de, incluída a instituição no rol dos direitos e garantias fundamentais, usar a expressão "reconhecida", afastando a que vinha sendo utilizada ("mantida"), com evidentes reflexos quanto à competência. Assim foi encaminhada a proposta ao plenário: "É reconhecida a instituição do júri com a organização que lhe der a lei, assegurados o sigilo das votações, a plenitude de defesa, a soberania dos veredictos e a competência para o julgamento dos crimes dolosos contra a vida" (art. 6°, inc. 54).

Com os debates e votação, o projeto, com as modificações acrescidas pelas emendas, foi aprovado em 1° turno. Sem sofrer resistência ao longo da tramitação quanto à topografia na Carta, resultou neste e no projeto final, considerada a instituição do Júri entre os direitos e garantias fundamentais (Título II, Capítulo I, art. 5°, incisos XXXIX no Projeto e XXXVIII, após a aprovação plenária em 2° turno, na Constituição).

E não se diga que os constituintes se houveram com descuido ou desconhecimento técnico. Primeiro, porque são bem assessorados, além de serem constantemente assediados pelos lobistas que, certamente, não deixariam de alertá-los de eventual inconveniência técnica. Segundo, porque tiveram oportunidade de votar emenda que deslocava a matéria para o segmento que cuidava de sistematizar (na Comissão de Sistematização) o Poder Judiciário. A de autoria do deputado Vivaldo Barbosa, ligando a matéria dispersada (no seu entendimento), com a seguinte redação: "Salvo o Tribunal do Júri, nenhum *órgão* do Poder Judiciário poderá realizar sessões ou julgamentos secretos ou proferir decisões sem fundamentação. Se o interesse público exigir, a lei poderá restringir a presença em determinados atos das próprias partes e seus advogados". (art. 187, Inc. 20, do Projeto). Outra, de autoria do deputado Cassio Cunha Lima, com a impressionante redação: "A lei estadual disporá sobre o funcionamento do Tribunal do Júri Popular e sobre o Juizado de Instrução como *órgãos* da justiça penal comum" (art. 171, Inc. 60).

Importa considerar que as duas emendas não afetariam o demais da idéia legislativa, tanto que, afastada a disposição como órgão, as matérias ali sustentadas foram acolhidas em outras áreas da Constituição Federal (art. 5°, XXXVIII; art. 93, IX), com rejeição, apenas, no que diz respeito, ao deslocamento intentado. A oportunidade para tal era excelente.

Manteve-se, contudo, o Tribunal do Júri na relação dos direitos e garantias fundamentais, exposta, sem possibilidade de dúvida, a intenção do legislador, espancando, por fim, a interpretação dos que sustentam o Tribunal do Júri como órgão do Poder Judiciário.

É sempre atual a lição de Ataliba Nogueira, destacada pelo eminente Ary Azevedo Franco (1956, p. 24), testemunhando que, ao longo da história, como agora, a instituição "é, ao mesmo tempo, não só uma garantia individual, como um direito do cidadão. Garantia individual, porque ninguém nega, ainda nos dias de hoje, e apesar das transformações das concepções democráticas, o direito de ser o acusado julgado pelos seus semelhantes, direito individual, porque todos reconhecem ao acusado o direito de ser julgado acima das normas inflexíveis e rígidas da lei, a que um juiz togado está obrigado, julgando, de acordo com as condições locais, as normas dos padrões morais da sociedade ou coletividade em que vive e onde cometeu o crime", com o que hoje comenta James Tubenchlak, mantendo-se da mesma esteira da cinqüentenária lição do saudoso doutrinador: "(...) alinhá-lo entre as garantias individuais, ou na parte do Poder Judiciário, não é mera questão de semântica, como pode parecer à primeira vista, pois a democracia participativa implica, entre outras coisas, atuação popular, diretamente em relação aos Três Poderes, o que consubstancia, sem dúvida, um direito a ser garantido na Carta Magna (...)." (1991, p. 9)

Essa é a essência constitucional do Tribunal do Júri, que lhe empresta, assim, seu próprio conceito.

Entendo, pois, possível conceituar o Tribunal do Júri como sendo a garantia constitucional do cidadão ser julgado pelo povo, quando acusado da prática de fatos criminosos definidos na própria Constituição ou em lei infraconstitucional, com a participação do Poder Judiciário para a execução de atos jurisdicionais privativos.

2. Participação popular e os lindes jurídicos

2.1. A participação do povo no exercício do poder

Conforme lição de João Gualberto Garcez Ramos (1991, p. 18), o povo pode, eventualmente, exercer sua soberania através de três instrumentos dispostos constitucionalmente: o plebiscito, o referendo e a iniciativa popular.

Tenho a ousadia de acrescentar à tríade instrumental destacada pelo autor paranaense o Tribunal do Júri, como uma das mais legítimas manifestações da soberania popular.

Acontece que, pelo conteúdo normativo da Carta (art. 5º, XXXVIII, alíneas), o povo julga seu concidadão acusado de prática para tirar, visando a tirar dolosamente a vida de outrem, resultando, da força da intervenção popular no julgamento, a polêmica "soberania do veredicto". Ainda que por amostragem, está representado no Conselho de Sentença e é ele que decide sobre a reprovável ou justificável ação violenta do acusado, vencidas as questões de competência.

Assim que o povo com autonomia, sem muita distância do desempenho das autoridades eleitas ou não que o fazem em seu nome, exerce o poder que é legítimo e é dele próprio emanado. Antonio Beristain, professor emérito da Universidad de San Sebastian, ao examinar os aspectos constitucionais do Júri espanhol dissertou:

"La separación del processo penal en dos fases encuentra apoyo em muchas otras consideraciones jurídicas. Aqui nos limitamos a indicar que si 'la justicia emana del pueblo', según reconece el art. 117 de nuestra constitución, fluye como consequencia lógica de este principio que 'los cuidadanos (sin necessidad de pertenecer a la carrera judicial) podrán ejercer la acción popular y participar en la Administración de la Justicia mediante la institución del jurado (en alguna de sus formas tradicionales o en nueva forma que resulte más oportuna y justa) así como en los Tribunales consuetudinarios y tradicionales' (art. 125)". (1994, p. 303)

Na esteira do entendimento do jurista europeu, o brasileiro Ivan Senra Pessanha (1991, p. 153), tratando do júri nacional no pertinente a este estudo, disserta:

"O júri se antecipou no tempo, pagando alto preço por significar o começo da participação popular direta na distribuição da justiça. Expurgada de alguns vícios, decorrentes de sua constituição, trará o povo em missão pedagógica, para a justiça, compreendendo melhor a difícil ciência de julgar. A constituição de 1988 abriu clareira no sentido do leigo participar também de causas cíveis menos complexas. Se o presente assinala as prevenções (no sentido vulgar) contra a instituição, o futuro agradecerá ao júri a solução de seus problemas, com a plena participação do povo na administração e distribuição da Justiça".

O bem jurídico violado e as circunstâncias em que o foi submetem-se à direta avaliação popular, examinando a circunstância do ato humano que, nas questões propostas, outra vez deve ser considerada além dos limites ou das limitações da ciência jurídica.

Parece prudente um exemplo: Uma mulher grávida tomou conhecimento de que o feto era anencéfalo. Desfeito o sonho da maternidade haja vista a realidade da morte imediata do neonato, pretende interromper a gravidez. Encaminha pedido de autorização ao Poder Judiciário e o juiz, alegando que aborto é crime, salvo nas exceções do aborto moral e terapêutico e que a autorização resultaria em autorizar o cometimento de um delito, indefere o pedido. Ainda, assim a mulher comete o aborto. Julgada pelo Tribunal popular, é absolvida.

A sensibilidade e compreensão popular afronta a norma tipificadora, rompe com a armadura jurídica que obstaculizou ao juiz uma decisão mais consentânea com a realidade social e, ao fim, transferida a responsabilidade aos membros da sociedade, faz-se justiça.

O ato imputado ao agente sujeito ao juízo popular é pessoal e, sendo assim, diferentemente do direito já secularizado, passa pela avaliação moral, o que levou o antropólogo Olavarría (1993, p. 96), destacar:

> "Menciono esto porque suele mover a confusión el hecho de que la moral normativa sólo se haga cargo de la dimensión moral activa y responsable. No hay que olvidar de la perspectiva antropológica es diferente a la perspectiva ética o jurídica, las que sólo consideran morales aquellos actos conscientes, livres y voluntarios, porque en ellos es posible definir con claridad la responsabilidad del sujeto moral y así poder determinar la meritoriedad o culpabilidad sobre los actos. Puesto que resulta muy difícil establecer la responsabilidad paternal, familiar, social, histórica o cultural (...), cuando un niño o quizá un ignorante o oligofrénico realizan un acto inmoral".

Ora, como é possível constatar, os elementos apontados não dispensam, por óbvio, o caráter sociológico de todo o fato julgado e que não é desprezado no julgamento ou, antes dele, em momentos anteriores, como o da elaboração da denúncia, na instrução e na sentença de pronúncia.

2.2. Os lindes jurídicos

É inarredável meditar sobre a visão estritamente jurídica emprestada ao tema pelos doutos que o enfrentaram.

A respeito, ainda que genericamente considerado, é de lembrar que, há mais de duas décadas (1980), as Nações Unidas e seu Sexto Congresso para prevenção do delito e tratamento do delinqüente, realizado na cidade de Caracas, Venezuela, alertavam que "resulta indispensável revisar as estratégias tradicionais para combater o delito baseadas exclusivamente em critérios jurídicos" (Anais, 1980).

A ótica do fenômeno ativo afirmado criminoso, nos lindes do Direito, assim, assentou-se num perturbador impasse dogmático. Ela só é capaz de perceber uma dimensão da dialética norma-réu: o fato como tipo e a conduta como antijurídica.

Como já advertiu Renato Janine Ribeiro (1993, p. 21), procurando a lei penal, no que a distinga da cível, atingir o indivíduo, a sua intimidade, e "não a materialidade externa encenada em suas ações", e, na investigação da verdade real, alcançar o *conatus* dinamizador, "inevitavelmente será ela mais filosófica".

Mesmo distante do tema tratado, João Luis Duboc Pinaud (1994, p. 5) dissertou "(...) que as mudanças no pensar e exercitar o direito são trânsitos recolhendo necessariamente discurso fora do poder, o que circula nas ruas. Os novos trabalhadores do direito comprometidos com o povo (juízes, promotores, advogados, professores e outros) não seguem repousando em simetrias de sistemas legais excluidores. Recusam, a título de 'interpretação jurídica' realizar exegese como modo de reduplicação legal-ritual do mega paradigma verbal da lei de dominação", concluindo, mais adiante, que "do dogmatismo conservador resultam sempre processos (civis e penais) a fazer circunavegação em torno da verdade dos fatos e das estimativas populares de justiça".

No sistema processual brasileiro, repete-se por necessária ênfase, o procedimento para julgar os fatos definidos como dolosos contra a vida é o do Júri (art. 5º, XXXVIII, letra *d*, CF), sendo que o pensamento jurídico é o limite do estudo do bem tutelado, e assim o é com a instrumentalização adjetiva. E aí reside o grande equívoco dos que o combatem e, felizmente em menor grau, dos que o defendem.

Não é diferente a ocorrência quanto às teorias do crime nas obras que analisaram o Júri. Não há destaque para o ato homicida como conduta psicoemocional ou, mesmo, sociológica que o distinga das demais práticas delituosas. O tratamento referencial é o do furto, do estupro, do roubo, da conduta criminosa genérica em si, com citações de escolas doutrinárias, teses de direito, etc.

Mas, sabidamente, na investigação causal-criminológica (criminógena), a Criminologia, para sua justificação, falhou, face à complexidade fenomenológica do delito. Por importante a tal respeito, traz-se a manifestação de Roberto Lyra Filho (1980, p. 5):

"É preciso também sublinhar corretamente a inconsistência teórica da Criminologia burguesa e a imprestabilidade dos velhos parâmetros, já que nos cobram a 'solidez' idealista que os seus princípios mesmo não têm (Cirino, 1979, passim). É preciso, finalmente, destacar que a Criminolgia está evoluindo, e não desaparecendo. A crise criminológica é de crescimento; a crise do Direito Criminal e sua dogmática é que manifesta a decadência (Barata, 1979: 147-183)".

Os cientistas da área, vinculados à sua ortodoxia generalizadora, tentaram apresentar explicações biológicas e psicológicas do indivíduo, além das de caráter sociológico enquanto orgânicas e reflexivas da desordem (desorganização) social ou do comportamento anti-social.

Mas o estudo empírico – experiência da historiografia – repeliu teses biogenéticas, desequilíbrio cromossômico, atavismos, fatores estigmatizantes, biotipologia psicológica ou física para explicar as causas da criminalidade.

2.3. Casuísmos

Hoje, o crime é explicado como um fato natural da sociedade, em cuja integração não podem ser desprezadas as causas políticas, culturais e sociais, o que é, indubitavelmente, um avanço.

Mas, enquanto os estudiosos buscarem a causa da força criminosa crescente sem apreciação específica da causa da violência do homem contra o homem, com finalidade letal estrita, que abala a tranqüilidade social, fabricando leis extravagantes e dirigidas à proteção de segmento especial de pessoas do conjunto social, manter-se-ão alheios à causa do delito mais significativo como ato humano, condenável ou não, que é o homicídio.

Enquanto desconsiderado o estudo do delito doloso contra a vida, em sua gênese, como distinto dos demais fenômenos criminógenos, não se poderá entender o Tribunal do Júri como ente político e sociológico, na amplitude de sua importância no contexto comunitário.

A discussão não poderia ficar restrita às limitações jurídicas na investigação do fenômeno.

Lamenta-se, todavia, que no mais da vezes, assim não é, pois basta ver que a Carta magna destaca a função social da propriedade e, todavia, na ocorrência de um conflito fundiário em áreas improdutivas, distante do emprego teleológico da norma constitucional, o Estado aciona os instrumentos jurídicos para espancar a função teleológica constitucional, ao qual prevalecem remédios como os interditos possessórios (processual), delito de esbulho (direto substancial civil e criminal), colocados no sistema legislativo numa perversa unilateralidade para proteger apenas o proprietário.

Os fatores criminógenos, como latifúndio improdutivo, "coronelismo", provocadores de fenômenos sociais como a pulverização da pequena propriedade e o conseqüente êxodo rural; o genocídio étnico (índios); o genocídio social (as vítimas dos grupos de extermínio); a segregação racial; menores carentes e/ou delinqüentes; a corrupção e a violência político-institucional (tortura); a corrupção e a violência econômica (salário mínimo) são desprezados na sua mediatidade sociológica e avaliados na imediatidade da conduta, isto é, na sua amoldagem ao tipo penal ou acomodação permissiva de drásticas medidas processuais-cíveis.

Não é coincidência, mas todas as situações supra envolvem uma relação opressor-oprimido e, enfrentadas condignamente, nas hipóteses dos julgamentos pelo Tribunal do Júri, podem decretar um veredicto impregnado de verdade social.

O estudo científico do Direito, mesmo elaborado com incursão examinadora além de suas fronteiras legais, doutrinárias e jurisprudenciais fica agrilhoado na realidade apontada por José Hygino Duarte Pereira (1894, p. 167) que esclareceu:

> "A ciência do direito é somente aquela que tem por objeto a dogmática, o sistema, o organismo jurídico para estudá-la, nos seus fundamentos, nas suas regras e nos seus fins. Ela não se propõe a inquirir as causas e os efeitos dos fenômenos jurídicos, mas as normas que devem presidir as relações das pessoas".

Por tal, continuar-se-ão a fabricar leis em que, ao buscar a proteção dos privilegiados na estratificação social, economicamente considerada, vai alcançar este fato violento – o homicídio – para sua inclusão na mesma categoria criminal de, por exemplo, e por ser a confusão mais comum, latrocínio. E não há nada mais evidente, neste sentido, do que a declaração indiscriminada do homicídio qualificado como "crime hediondo". Aqui a preocupação é com a manifestação legal – não a criadora – mas a regulamentadora do Tribunal do Júri.[10]

Poulantzas (1981, p. 95), dentro da mesma linha de raciocínio de Max Weber, entende que a lei é o Código da violência organizada e conclui que "a legalidade do Estado não esvazia o terror. A legalidade corresponde à ilegalidade como sombra irrenunciável". Tal constatação retira da lei a força necessária para a avaliação do delito mais complexo na avaliação psicossocial que é, indiscutivelmente, o homicídio.

A dogmática jurídica, na sua importância para o Direito, sem desprezo a sua consideração axiológica, trata-se de construção com irrefutável valor científico, pois ela é a expressão da realidade jurídica em determinado momento histórico, resultante da ação e observação empíricas dos juristas. Mas, no Tribunal do Júri, porque "integrado por pessoas, como regra, sem formação jurídica, não se poderia cobrar do tribunal popular que decidisse de acordo com a lei, o direito, a jurisprudência ou a doutrina. O que se busca é um juízo de aprovação ou não de determinada conduta do ponto de vista do grupo social que estiver julgando o acusado. Aliás, o compromisso dos jurados é de julgar de acordo com sua consciência e os ditames da justiça." (Luz, 2001, p. 47).

Mas tais limites devem ser vencidos quando se estuda o Júri e, antes dele, o delito de sua competência, pois quanto maior o equívoco em seu exame, maior a injustiça contra a instituição que, todavia, em James Tubenchlak (1991), Lenio Luiz Streck (1993) e tantos outros estudiosos do Júri, encontram a reação adequada, com resgate e restabelecimento do *status* social que a dignifica.

---

[10] A Lei nº 8.930, de 6 de setembro de 1994, alterando a redação de outra, também eivada de infeliz casuísmo, passou a considerar crime hediondo "o homicídio (art. 121), quando praticado em atividade típica de grupo de extermínio, ainda que cometido por um só agente, e homicídio qualificado (art. 121, § 2º, I, II, III, IV e V)."

3. Sujeitos do Júri e a investigação sociológica

3.1. Introdução

A observação compulsória do julgamento pelo Tribunal do Júri, para quem o presidiu por vários anos, resultou numa sensação de desconforto ideológico e espiritual, na medida em que pode registrar a omissão de elementos essenciais ao exame da conduta fática durante o julgamento a serem considerados na formação de convencimento dos jurados e, posteriormente, serem sopesados na fixação da pena pelo magistrado.

A verdade é que "uma decisão judicial pode modificar as vidas das pessoas, contribuindo para uma integração ou marginalização sociais definitivas, e acarretar-lhes conseqüências indeléveis" e que "não basta que o juiz conheça as leis, mas é necessário que ele alie este conhecimento a uma perspectiva social, histórica, cultural e moral ao decidir" (Barbosa, 1984, p. 75)

Impositivas algumas considerações paralelas, mas afluentes, à temática proposta enfrentar, haja vista sua incidência exercer influência na conclusão do seu estudo.

3.2. Requisitos e arregimentação dos jurados

Assim, é estipulação legal que:

a) A instituição do Tribunal Popular tem a participação de cidadãos maiores de vinte e um anos (art. 434, 2ª parte, CPP), não podendo servir ao Júri, inclusive, os emancipados. Esta circunstância etária não foi modificada, obviamente, pela edição do novo Código Civil, não havendo, pois, correlação com a maioridade ali redefinida;

b) Além da idade, o outro requisito é que se trate, o jurado, de cidadão com notória idoneidade (art. 436, CPP), para compor o Corpo de Jurados, já na elaboração da lista geral anual.

Interessante contradição exsurge da dicção normativa: a notoriedade é presumida, vez que, na prática, as relações de jurados são construídas por informações e listagens elaboradas aleatoriamente, sem pesquisa sobre o comportamento sociocriminal do cidadão.

Não se lhes exige qualquer outra qualificação o texto legal.

Tratando-se de serviço obrigatório (art. 434, 1ª parte, CPP), o jurado sorteado não poderá deixar de prestá-lo, sob pena de sofrer sanções pecuniárias (art. 433, CPP) e, observe-se a gravidade, a eventual recusa por convicções religiosas, filosóficas ou políticas, implicará a perda de seus direitos políticos (art. 435, CPP; art. 5º, inc. VIII, e art. 15, inc. IV, CF).

A ilação óbvia é a de que o julgador de fato, se não pode recusar a integrar o corpo de jurados, poderá, todavia, julgar sob a influência dessas convicções, e por certo o fará, ainda mais que sua decisão (veredicto) é resultante da soma dos sufrágios durante a votação sigilosa dos quesitos e sem qualquer necessidade de fundamentá-la (art. 493, CPP, e art. 5º XXXVIII, *b*, *c*, CF).

Comumente, o jurado é arregimentado entre funcionários públicos, de escolas, autarquias, bancos, etc., formando uma massa representativa da classe média que, mesmo que em vias de proletarização haja vista, estabelecida no círculo nuclear urbano, estáveis em seus empregos e profissões, sem uma aprofundada visão da sociedade periférica das cidades e do meio rural

Ele se informa, para construção de sua convicção íntima, durante os debates desenvolvidos pelo Promotor de Justiça, assistente, acusador particular e pelo defensor em plenário. Isto é, pelas partes na exposição de suas teses, pela dialética de plenário, onde o antagonismo é a regra.

Não é raro se encontrar o jurado perplexo pela amplitude das divergências e interpretações que, assim, mais o força relembrar de suas convicções filosóficas, religiosas ou políticas e, evidentemente, por sua perspectiva social no momento decisório, afastando-se da estrutura probatória processual.

Apesar de tratar-se, em regra, de pessoa honesta e fiel aos seus princípios, o jurado não excluirá do julgamento a sua herança social, a sua história pessoal e sua cultura. Confuso, com este caldo sociológico elaborará seu convencimento.

Os julgamentos de competência do Tribunal do Júri envolvem os crimes dolosos contra a vida, ou seja, o ato violento de e contra seres humanos, presumidamente consciente e destinado a causar a morte de um semelhante envolve a dinamização emocional através de paixão, vingança, medo, ódio, competição, psicopatias e defesa, entre outras causas de agir.

É o delito sem o estereótipo do miserável.

É o crime de todos nós.

Mas, apesar de não caracterizar comportamento característico ou exclusivo de uma determinada classe social, o grande freqüentador do banco dos réus ainda é o pobre, o marginal. Porém, diferentemente de outros delitos, a sua prática não é tão incomum aos membros de classes mais abastadas ou menos oprimidas social e economicamente.

Incompreensível nesta relação é sua desproporcionalidade representativa no tribunal popular: raro é o vileiro, o morador dos morros e das favelas integrando o corpo de jurados.

É sintomático.

Será que os operadores do Júri não estão empenhados – ou negligenciando – em excluir sua classe, a dominante no momento histórico da gênese legal, do risco de ser julgado por membros de outra categoria social e da severidade técnica deste julgador singular?

Em outra visualização, não seria aceitável concluir que o jurado com este escalonamento, por *status* social, não se sente oprimido, assustado e temeroso do marginal, maior freqüentador do banco dos réus, à sua simples vista?

Sob tal tensão, julgará ele com isenção absoluta?

Em que pese extremamente polêmica, a teoria abolicionista do direito penal desenvolvida por Hulsmann apontou com acerto que há "um outro ponto que diz respeito às imagens negativas da vida social que a justiça criminal cria em meio à maioria da população. Sabemos, a partir de numerosos estudos das formas como o medo do crime pode ser criado como resultado de certas ligações entre a justiça criminal e os meios de comunicação de massa, e como este medo afeta profundamente a vida de certos grupos na população que podem ficar isolados por causa dele" (Hulsmann, 1991, p. 17).

3.3. O Juiz de Direito, pena e atuação

E o magistrado?

Após a votação dos quesitos pelo Conselho de Sentença, sem ocorrência de desclassificação própria,[11] o caráter criminoso do fato julgando já lhe chega definido, inclusive no que diz respeito às qualificadoras, causas modificadoras e atenuantes da pena, restando-lhe apenas proceder a quantificação da sanção legal.

Incumbe-lhe, contudo, investigar as circunstâncias judiciais do artigo 59 do Código Penal, que, para efeitos de sistematização do estudo, têm por desdobrar em:

a) *mediatas* – que são os antecedentes, conduta social, personalidade e motivação;

b) *imediatas* – culpabilidade (dolo) e as circunstâncias materiais da prática;

c) *implementares* – comportamento da vítima e conseqüências do proceder violento e reprovável, considerado o momento, da consumação ou tentativa delituosa.

Com tal responsabilidade, e mesmo assim, deixa de preocupar-se no mais das vezes em proceder uma investigação acurada a respeito do que lhe é imposto observar legalmente.

Filia-se às precárias e temerárias informações coligidas descuidadamente pela autoridade policial, órgão da acusação ou pela defe-

---

[11] A desclassificação própria é aquela em que os jurados, pelo resultado da votação dos quesitos, transferem o julgamento ao juiz-presidente que, assim, atuará com sua feição monocrática, especialmente no que diz respeito à fundamentação da sentença e sua dosimetria, se a conclusão for condenatória; a imprópria, ainda que envolvam o afastamento do *animus necandi* mantém a competência do Conselho de Sentença e implica, sempre, numa decisão condeanatória.

sa, exercendo cotejo impróprio pelo desconhecimento dos meandros da sociedade periférica ou marginal, onde é egressa a maioria dos condenados.

Compromete, tantas vezes, sua honesta vocação à prestação jurisdicional, filiando-se axiomaticamente ao sofisma que tem violado tantas consciências: "o que não existe nos autos não existe no mundo".

Salo de Carvalho (2001, p. 30) lembra que "no momento da sentença penal condenatória, o sistema revela toda sua perversidade ao admitir o emprego de elementos essencialmente morais, desprovidos de significado com averiguação probatória".

O emérito professor português Boaventura de Souza Santos 1987), coligindo elementos para tese que defendeu junto à Universidade de Yale, EEUU, freqüentou e estudou favelas cariocas, fixando-se numa delas que, em seu estudo, denominou de Pasárgada, e anotou o que o seu habitante, favelado, reclamou a respeito de suas relações com o Poder Judiciário: "(...) os Tribunais tem que observar o Código e pelo Código nós não tínhamos nenhum direito (...)"

Dissertou, então, o pensador luso:

"Esta citação ilustra bem a ambigüidade profunda da consciência popular do direito nas sociedades caracterizadas por grandes diferenças de classes. Por um lado, a apreciação realista de que o direito do Estado é o que está nos códigos e de que nem estes nem os juízes, que têm por obrigação aplicá-lo, se preocupam com as exigências de justiça social. Por outro lado, o, reconhecimento implícito da existência de um outro direito para além dos Códigos e muito mais justo que estes (...)." (Santos, 1987, p. 50)

Ao não romper os estreitos lindes do processo para fixar, tantas e tantas vezes, penas severas sem qualquer (sabemos todos) objetivo de recuperação do apenado, estará o juiz, inapelavelmente, consolidando o temor de Plutarco "que o mais alto grau de injustiça é não ser justo e, todavia, parecê-lo".

3.4. A investigação sociológica necessária

É de admitir, então, que aos julgadores de fato e de direito sejam fornecidos elementos outros e de outra ordem, para que os adapte às suas convicções ou supere, pela imparcialidade e completitude do estudo, os eventuais preconceitos derivados delas, possibilitando-lhes um conhecimento sociológico e político pertinente e inafastável, orientando, obviamente, com a devida associação ou cotejo com a estrutura probatória do fato julgando, para formar convencimento condenatório induvidoso ou fixar a pena dentro de parâmetros justos e honestos.

E por que tais elementos devem ser considerados?

A resposta é dada por Ely Chinoy (1976, p. 95) ao afirmar que *"la estrecha relación de cultura y sociedad con el indivíduo y su personalidad permite al sociólogo explicar e precicir algunos aspectos de la conduta humana".* (grifo não-original).

E, lamentavelmente, o homicídio é fato tipicamente humano.

Ora, admitido que "la proposicion fundamental que debe exlraerse de esta relación es que los indivíduos que tengan un origem social similar se comportarán aproximadamente en la misma forma en situaciones similares" (Chinoy, 1976, p. 95), implica afirmar no registro das origens socialmente distintas do jurado ou juiz do réu miserável ou habitante periférico, que é extremamente importante o amealhar de informações que as aproximem no entendimento e compreensão das respectivas e paralelas sociedades.

Neste momento de nossa reflexão, cabe efluir da temática desenvolvida, sem o afastamento de sua essência político-sociológica.

Trata-se de enfrentar a hipótese mais correta que a consideração nuclear defendida neste texto, se fora factível, de fazer com que a sociedade periférica e marginal viesse agregar-se através de representantes "idôneos e maiores de vinte e um anos" ao Corpo de Jurados.

Interessante lembrar que as iniciativas para inscrição voluntária gerou o mesmo fenômeno das famosas listas remetidas ao Poder Judiciário, ou seja, apenas inscreveram-se os mesmos integrantes da classe social que sempre compôs as relações anteriores e nem sempre com a intenção de "fazer justiça", mas para abrigar-se das obrigações do cotidiano, especialmente as de caráter profissional.

Conclusão: é o cidadão "passargadense", na definição de Boaventura, mantém-se desconfiado ante a possibilidade de aproximação com a sociedade nuclear que o vê sempre com discriminação e, como acima referido, os temendo ou como membros integrantes de uma subclasse social.

Como esperar que venha voluntariamente ao encontro do sistema que lhe é opressor, para desempenhar um papel temporário e oficial, significando reencontrar seu igual em lugar onde a sociedade nuclear entende que lhe é próprio: o banco dos réus.

O ideal, pois, da integração do habitante marginal a um contexto jurídico do qual suspeita, com razão, é apenas utopia enquanto não resolvidas as grandes questões sociais ou diminuídas as diferenças culturais e econômicas entre os homens.

Contudo, as tentativas de aproximação é caminho que se abrirá ao tráfego das igualdade e da justiça, ainda que se o percorram lentamente os membros de uma mesma sociedade, para ampliar a possibilidade de diminuir a distância entre as classes. Devemos insistir.

Assim, enquanto persistir o desfalque social junto ao Tribunal do Júri pela ausência de membros da classe marginalizada, faz-se urgente e necessário que se transmita aos jurados e juízes de direito o conhecimento de todas as circunstâncias sociológicas que cercam o fato delituoso em espécie, com apreciação dos fatores criminógenos ou outros que possam elaborar uma melhor compreensão de sua ocorrência.

Há que se apostar na sensibilidade do ser humano e sua capacidade de assimilar conhecimentos, mesmo os que arrostam toda sua história sociocultural.

A pesquisa sugerida pode acompanhar os momentos dos procedimentos formais, em especial na elaboração de inquérito, eis que importante a identificação do comportamento do agente ante a ação oficial, sua origem familiar, sua formação cultural, sem desprestigiar sua relação com a sociedade nuclear urbana, especialmente no que diz respeito às relações empregatícias.

A prestação de tal serviço é dever do Estado, admitindo-o como maior interessado no julgamento e apenamento justos, e conferindo garantias aos sociólogos, psicólogos e antropólogos para que possam, se for a hipótese, apontar circunstâncias relevantes ou responsável mediatamente pela ação violenta do acusado contra a vida de um concidadão.

Perceber-se-á que o texto cuidou com ênfase especial do julgamento dos réus marginalizados, pobres, habitantes periféricos das vilas e favelas. Atente-se, no entanto, para a composição do Corpo de Jurados e seus juízes-presidentes, a quem se pretende destinar a informação científica objetivando julgamento justo aos que estão à margem deste contexto oficial.

Por derradeiro, importa transcrever o texto de F. A. de Miranda Rosa, apropriado neste momento como justificativa da posição assumida e que a implementa, além de contribuir com a sabedoria ausente ao longo desta reflexão:

"O exame do sentimento de justiça abrange necessariamente o das normas existentes, sua adequação, ou não, ao que é tido como justo, a aprovação social das sanções que o direito estabelece e garantidora da validez e eficácia das normas. Também abarca a maneira como a opinião do público se manifesta sobre o comportamento ilícito, ou a distância entre a desaprovação da norma jurídica a certa conduta e a desaprovação que o consenso ético, social impõe à mesma forma de comportamento". (Miranda Rosa, 1981, p. 204)

Eis a idéia.

Ela nasceu de um desagradável sentimento de omissão.

4. Competência: questão política, social e filosófica

4.1. Introdução

A Constituição promulgada em 1988 definiu como competência mínima do Tribunal do Júri o julgamento dos crimes dolosos contra a vida, deixando aberta a possibilidade de outros serem julgados pelo Tribunal Popular, definidos, obviamente, em lei infraconstitucional.

A norma mereceu aplausos da comunidade jurídica, e existem manifestações favoráveis de outros segmentos da sociedade brasileira.

Todavia, não é de se aceitar a perspectiva ampliativa sem maior debate. Esta é uma das propostas deste texto.

A partir do brocardo latino *nullum crimem nulla poena sine lege*, erigido em princípio pelo direito dentro da atividade penal exercida pelo magistrado, incumbe-lhe verificar, observada a correlação do fato imputado ao julgando, a estrutura probatória auferida ao longo da instrução, perscrutar a qualidade informativa desta prova e decidir, condenando ou absolvendo.

Evidentemente que não se abstrai ao juiz a influência sociológica, política ou moral no ato de decidir, posto inconsciente ou subconsciente à ínsita formação de sua personalidade.

Nada, todavia, é comparável ao que se exige para decidir quando a imputação versa sobre crime doloso contra a vida.

Essa peculiar ação humana merece abordagem diferenciada entre as demais que envolvem a conduta anti-social. Não se trata, porém, de investigar, apenas, a sistemática jurídico-repressiva correspectiva, mas e apenas, especializar o comportamento insulado no universo criminoso para alcançar a função finalística do Tribunal do Júri.

4.2. A vida como bem juridicamente tutelado

Carlos Zárraga Olavarria (1993, p. 126), notável antropólogo chileno, dissertou que "el derecho a la vida, por ejemplo, no se tiene por el mero hecho de vivir, pues en tal caso el hombre no tendria mas derecho que un guzano. És derecho a la vida no brota de la humanidad viviente, sino de le dimensión personal que situa al hombre en sua dimensión ontológica diferente, y para el derecho constituye una 'dignidad' de suyo respetable. Dignidad que bien pudiera ser a otra creaturas en el universo, pués no está ligada esencialmente a ningún tipo de organismo, princípio orgánico o faculdad. Sin embargo, por razones operativas el derecho lo predica sólo del hombre; solo en el hombre la existencia se hace transparente a si misma. Morfogeneticamente el hombre no es diferente a otros animales, pero como persona cierra el ciclo da la existencia; salvo otras personas más desarroladas, com mayor grado de actualización de sus posibilidades, no es posible concebir nada más perfecto".

De cultura e ciência bem distintas, Martin Buber (1992, p. 54) desenvolve raciocínio similar a Olavarria ao assertar que "num tempo de formação que geralmente coincide com a puberdade, sem a ela estar vinculada, a pessoa humana se torna inevitavelmente consciente da categoria ôntica da possibilidade que, dentre todos os seres vivos, se manifesta precisamente no homem que é o único dentre tudo o que conhecemos, para o qual a realidade permanece longamente rodeada pela possibilidade".

E, assim, na investigação teleológica da tutela jurídica, decorrem, necessariamente, considerações sobre a relevância do bem "vida", posto serem, por ora, os atentados contra ela os únicos a serem julgados pelo Tribunal do Júri (e que assim permaneça), por sua hierarquia sobre todos os demais protegidos pelo direito e, fundamentalmente, porque a perda violenta dele, provocada por um ser semelhante, resulta na irremediabilidade de recuperação, de restauração ou de compensação, possíveis em relação aos demais violados, subtraídos ou destruídos. Por tão relevante, mantém-se a competência do Tribunal do Júri também para julgar as tentativas contra a vida.

Antes, pois, da concepção jurídica do bem "vida", e nesta qualidade protegido pelo direito (art. 5° da CF, arts. 121 e outros, CP, etc.), há que se ter presentes outras reflexões.

Retoma-se Buber (1992, p. 54), para lembrar que, discorrendo sobre o Bem e o Mal, em profunda análise bíblica e de antiqüíssimos trechos iranianos sobre o tema, aponta com destaque para o primeiro homicídio cometido pelo homem (Caim vs Abel) e pela decisão de Deus em amaldiçoar o autor, pois "manda Caim pelo Mundo afora para 'ser um fugitivo e errante sobre a terra', impõe-lhe um destino que manifesta no corpo o que lhe aconteceu na alma". Mais adiante aduz que "a vida humana em seu sentido especial, como provinda da natureza, começa com a experiência do caos como um estado percebido na alma".

Atente-se que, por óbvio, não havia exemplo anterior do homicídio (Deus não necessita de tipo penal), o que não evitou a censura e a sanção. E não lhe desmente o texto bíblico quando, no desenvolvimento bem avançado da história religiosa, edita o quinto mandamento, qual seja, "não matarás" que, enfim, nada mais foi que uma construção legislativa do que já era acatado como expectativa de conduta humana religiosa ou natural.

Merece registro a manifestação de Roberto Lyra (1933, p. 53) sustentando que "aliás, não há religião nem moral, dentro da civilização, que reconheçam o homicídio, que o não condenem como fatal à organização e perigoso à existência da sociedade". Mais adiante, noticia que "o judaísmo, fiel ao 'não matarás', de Moysés, adverte: 'Não te porás contra o sangue de teu próximo, seguindo a relatar sobre o pensamento similar do budismo, espiritismo, hinduismo, hermetismo, mazdeismo, etc." (obs. Mantida redação original)

Percebe-se, pois, que, por qualquer das visões que se possa ter sobre a necessidade da proteção da vida – antropológica ou religiosa – exsurge como norma de direito natural, ínsita ao homem, pois, pela ótica da última ciência, não se tem notícia de punição de outras espécies pela morte de seus semelhantes.

O bem "vida", cujo conceito tem atormentado os pensadores, mais especialmente os do meio jurídico,[12] é, indubitavelmente, o mais expressivo dos bens e o mais significativo dos direitos.

Com mais razão, portanto, justifica-se a necessidade da intervenção da sociedade para avaliação da conduta dos homens em seus atos de violência contra os semelhantes.

4.3. A desconsideração do fato psicossocial

Na mitologia grega, é facilmente percebida a conduta violenta como ato de loucura. Os deuses enlouquecem, tomados de paixão. Destemperam-se em função da fúria, da dor e da vingança. Repete-se a imagem nos épicos homéricos.

Resquício de avaliação psíquica é encontrável apenas em Sófocles, analisando o atormentado Édipo. Todavia, não se procurou esgotar, nem era objetivo do autor, a justificação emocional do seu personagem.

A investigação do sentimento que não resultasse de um comportamento meramente animal, destinado à alimentação e à defesa, começou a ser percebida, apenas quando Hipócrates sustentou que a epilepsia era doença natural, e não fruto da ação sobrenatural, assim, eis o derivado equívoco, até os sentimentos de melancolia, humor, mania, etc., eram de origem anátomo-patológica.

Os deuses, afinal, não precisam justificar-se. Nem entendeu necessário Homero para seus heróis.

Muito mais tarde, explorando com sua reconhecida sensibilidade, William Shakespeare carregou de emoção o ato de seus personagens. Todavia, não justificou a conduta: limitou-se a narrá-la.

Os seres superiores míticos, heróis, personagens eram conhecidos por seus atos, e não por suas deliberações. De sua violência de-

---

[12] José Afonso da Silva (1993, p. 181), é bem exemplo. O culto jurista, comentando sobre o direito à vida na Constituição, disserta: "Não intentaremos dar uma definição disto que se chama vida, porque é aqui que corre o risco de ingressar no campo da metafísica suprareal, que não nos levará a nada".

corriam a loucura e o auto-sacrifício. Não foi colhida a manifestação de suas épocas, social e juridicamente consideradas.

Mas não se perca de vista que os filósofos gregos, tão apegados à racionalidade, enfatizaram no seu momento histórico, posteriormente aos mitólogos e épicos, antes do vate inglês, o poder da força inexplicável da paixão, opositora da razão.

Os clássicos não superaram o impasse, mas tiveram a virtude de tornar humana a violência. Reduziram-na, no entanto, a duas soluções paralelas: ou resultava de maldade ou de doença mental.

A exclusão resumia-se na violência em nome da honra.

A verdade é que o homem, até então, não se despojava da herança da filosofia grega, mas engatinhava, por outro lado, para desfazer-se da pressão da racionalidade e, também, dos limites médico-científicos.

Não se deve muito à religião como contribuição para entendimento do comportamento humano na ação contra seu semelhante. A estreiteza dos limites estava estratificada no maniqueísmo (bem *versus* mal). Lembra Martin Buber (1992, p. 39) de um fragmento do "Avesta" que diz: "Todos os bons pensamentos, todas as boas palavras, todas as boas ações eu os faço conscientemente. Todos os maus pensamentos, todas as más palavras, todas as más ações eu os faço inconscientemente'. Daqui parte um caminho para o problema psicológico do mal que teve *seu desdobramento apenas no cristianismo primitivo*" (grifo não-original).

Nem o Renascimento, nem o Iluminismo, nem a revolução científica lograram avaliar o comportamento do homem no ímpeto de matar.

A imposição da razão cobrou seu preço na medida em que obrigou o pensador ao processo da exclusão. O estigma da idiotia era o destino de quem ousasse criticar, da iniciativa de práticas não-ortodoxas ou de conduta anormal.

À medida que a sociedade se tornava mais exigente no comportamento individual, subdividida em classes e bem disciplinada, ou quando o Estado cuidava de realizar suas perspectivas na economia de mercado, mais se impunha a necessidade de segregar o elemento perturbador.

Especialmente na Europa, nos séculos XVII a XIX, proliferam as prisões. Foucault denominou este movimento de "o grande confinamento". Persistia a ignorância ou o desinteresse quanto ao ato emocional. Ele era simplesmente anti-social e/ou antijurídico. Perigoso à sociedade ou ao Estado e deles deveria ser isolado.

Coincidentemente, neste mesmo período, iniciou-se a investigação mais cuidadosa do comportamento do indivíduo a partir de avaliação psicossocial e/ou filosófico, que induziu a Ortega y Gasset (1960, p. 133), depois, a denunciar que "o máximo erro desde o renascimento, até nossos dias, foi acreditar – com Descartes – que vivemos de nossa consciência, daquela breve porção de nosso ser que vemos claramente e em que nossa vontade opera. Dizer que o homem é racional e livre me parece uma expressão bem próxima a ser falsa". Completa seu raciocínio alertando que a "verdade é que, salvo essa sumária intervenção de nossa vontade, vivemos de uma vida irracional que deságua na consciência, oriunda do íntimo latente, do fundo invisível que, em rigor somos. Por isso o psicólogo tem de transformar-se em búzios e mergulhar sob a superfície das palavras, dos atos, dos pensamentos do próximo que são mero cenário".

4.4. Consideração do fato psicossocial

A par do desenvolvimento da psiquiatria e da psicologia, os estudos sociais tornaram-se mais sérios e contundentes, bem como passaram a ser valorizadas as teorias resultantes do estudo da mente e da influência do meio social sobre o agente.

De tal resulta que não é tão falso afirmar que existem quase tantas doutrinas sobre o crime quanto existem criminosos.

Max Weber (1959, p. 70) advertiu que "a intelectualização e a racionalização crescente não significam , pois, de modo algum, um conhecimento geral crescente das condições nas quais vivemos. Significa bem mais que sabemos ou que acreditamos que em cada instante poderíamos, bastando que o quiséssemos, provar que não existe em princípio nenhum poder misterioso e imprevisível que interfira no curso da vida. Em resumo, podemos dominar todas as coisas pela previsão. Mas isto corresponde a desencantar o mundo".

Mas, mesmo advertidos, não podemos deixar de registrar a importância dos estudos psicológicos, psiquiátricos e sociológicos no descortinar de tantos crimes escoimados de desumanos, anti-sociais, etc., liberando o julgador ou os julgadores dos grilhões positivistas ou estreitamente legalistas, com a observação unifacetada do comportamento antijurídico ou ilegal.

Com mais razão quando a violência é contra a vida, o bem religiosa ou filosoficamente mais valioso.

Expungido do caráter jurídico, a análise da violência dolosa contra a vida pode ser considerada dentro do contexto social ou do comportamento individual nas relações intersubjetivas.

Sua composição, em nível criminógeno, é a mesma do fato social ou do fato-conduta individual. A pressão desvirtuada da sociedade ou desvio mental ou emocional do indivíduo encaminham ao cometimento da violência, justificada ou injustificadamente. O fator contributivo para a perpetração da violência entre humanos pode, pois, ser observado sob os ângulos sociológicos, psicológicos, filosóficos e antropológicos comuns à conduta de todos os entes sociais.

Quando desenvolvia seu *Estudos Sobre o Amor*, José Ortega Y Gasset (1960, p. 128) destacou que "há um defeito de violência que procede, talvez, de insuficiente energia na pessoa. Mas, feita esta ressalva, é forçoso dizer que, quanto mais violento seja um ato psíquico, tanto mais baixo está na hierarquia da alma, mais próximo ao cego mecanismo corporal, mais distante do espírito. E vice-versa, conforme nossos sentimentos se vão revestindo mais de espiritualidade, vão perdendo violência e força mecânica. Sempre será mais violenta a sensação de fome no faminto, que o apetite de justiça no justo".

Assim, a estratificação social justifica a maior incidência criminal entre os membros da sociedade periférica, para contrariar a litania burguesa de tantas teorias sobre o crime que descartam ou minimizam a atuação da pressão resultante dos graus socioculturais anquilosados sobre a conduta do indivíduo.

Interessante a manifestação de Francis Fukuyama em seu polêmico artigo "O Fim da História e o Último Homem", oportunamente reproduzido em a *Experiência do Século* (1992, p. 13), sustentando que "de acordo com Hegel, os seres humanos, assim como os animais têm desejos e necessidades naturais de objetos que estão fora deles, tais como comida, bebida, abrigo e, acima de tudo, a preservação de seus próprios corpos. O homem diferencia fundamentalmente do animal, entretanto, porque, além disso, ele deseja o desejo de outro homem, isto é, ele quer ser reconhecido".

Mais adiante, defende que "as pessoas acreditam que têm certo valor e, quando são tratadas como se valessem menos do que o valor que se atribuem, sentem vergonha, e quando são avaliadas na proporção correta do próprio valor, sentem orgulho. O desejo de reconhecimento e as emoções que o acompanham, de ira, vergonha e orgulho, fazem parte da personalidade humana essencial para a vida política. Segundo Hegel – conclui o pensador – são essas emoções que impulsionam todo o processo histórico".

Neste sentido, o conhecido professor Emilio Myra y López (1992, p. 5) dissertou que o "homem em estado primitivo ou 'selvagem', o Homo Natura, é principalmente movido pelos ingentes impulsos de preservação e de expansão de seu ser, os quais constituem os complexos dispositivos defensivo-ofensivos e procriadores vulgarmente conhecidos como 'instintos de conservação e reprodução', Estes se revelam em nós a cada momento, primeiro sob a forma de leves 'desejos', depois, de claras 'ânsias' e, mais tarde, se não tempo satisfeitos, de imperiosas e incontidas 'necessidades' de fuga, de ataque ou de posse".

Mais adiante, analisando a reação do homem em situações experimentais, aduz, após repelir a idéia de meros reflexos, mesmo diante do automatismo delas, que "é preferível escolher uma palavra que englobe os aspectos neurológicos e psíquicos, herdados e adquiridos, estáveis e mutáveis, coletivos e individuais de tais reações; e essa palavra a achamos no termo: emoção. Pois bem – segue o psicólogo – três são as emoções primárias nas quais se encontra toda a gama de reflexos e deflexos de fuga, agressão e fusão possessiva. seus nomes mais comuns: o medo, a ira, e o afeto ou amor".

Para ele, surgem forças repressivas das emoções primárias e, por óbvio, das derivadas, as manifestações na Lei, Obrigação, Costume, Norma, Tradição, etc., denominada dever.

Não disse diferente Jacob Goldberg, também psicólogo, ao referir que a "alma infantil não nasce perversa, dotada de instintos animalescos e nem é, exclusivamente, levada à pureza e a bondade. Em toda a criança, existem sempre disposições egoísticas, que se atenuam gradativamente e se transformam em senso moral, através do processo de evolução de sua personalidade e, sobretudo, sob a influência da educação e da instrução" (1990, p. 23).

Resulta concluir que, vencida a força repressiva, incontida a emoção, o homem viola a relação intersubjetiva e produz a desarmonia social.

Indubitavelmente, a mais grave das violações, se não no contexto apenatório, mas fundamentalmente no moral, é o ato atentatório contra a vida e este, sempre, carrega a conotação emocional. Mata-se por amor, por vergonha, por ódio, por vingança, por covardia ou por não ser covarde, por ciúme, por piedade, em defesa, etc., sem desconsiderar o "abalo emocional", seja em circunstâncias permanentes (perturbação ou doença mental), seja em circunstâncias eventuais (estado puerperal), etc.

Observou tais condições a revista "Veja" (edição de 22 de fevereiro de 1995, p. 86), através de um de seus repórteres, ao narrar um julgamento de grande repercussão e, assim, tornando-se notícia:

"Na expressão de tristeza das testemunhas, no depoimento do réu, no discurso dos advogados, o julgamento trouxe à tona *orgulho, avareza, ira e inveja*. Coisa medonha".

Mata-se por simples (vezes tantas injusta) provocação.

Mata-se justificada ou injustificadamente.[13]

No estudo da dinamização da atividade grupal organizada, Max Weber (1959, p. 18, vol. I) dissertou que "a ação social (incluindo tolerância ou omissão) se orienta pelas ações dos outros, as quais podem ser: passadas, presentes ou esperadas como futuro (vinganças por ataques prévios, réplicas e ataques presentes, medidas de defesa frente a ataques futuros)".

Dessa observação inicial, elaborou a seguinte conclusão:

"A ação social, como toda ação pode ser: 1. Racional conforme fins determinados: determinada por expectativa no compor-

---

[13] Por isto aduziu Nelson Hungria (1958, p. 163), "...que a hipótese mais acertada é a que afira existir em todo o homem um criminoso *in potentia*".

tamento, tanto de objetos do mundo exterior como de outros homens e utilizando essas experiências como 'condições' ou 'meios' para conseguir fins próprios, racionalmente avaliados e perseguidos; 2. racional conforme valores: determinada pela crença consciente no valor – ético, estético, religioso ou de qualquer outra forma que se interprete – próprio e absoluto de uma determinada conduta, sem relação alguma com o resultado, ou seja, puramente em virtude desse valor; 3. afetiva especialmente emotiva: determinada por emoções e estado sentimentais atuais; e 4. Tradicional: determinado por um costume arraigado". (Idem, p. 20).

O caráter emocional da ação violenta contra a vida exige censura avaliável pela perspectiva de sua auto-realização, ou não, pelo julgador, o que induz o convencimento que supera, do ato aparentemente reprovável, mas certamente violento contra a vida, os limites técnico-jurídicos exigíveis na apreciação dos demais tipos penais.

Sem excluí-la, a avaliação correta não está na regra de proibição amoldada genericamente na lei; está na potencialidade de igual conduta em semelhantes circunstâncias das enfrentadas pelo autor, consideradas pelo ente social destacado para sua avaliação (julgamento).

Eis a diferença!

Não é ato para o indivíduo, nem para decisão monocrática: é responsabilidade da sociedade.

Durkheim (1930, p. 275) sustentava, ainda, que os homens, sentindo-se autorizados a superar limites que foram impostos, não consentiriam em inibir seus desejos. Acrescente-se: nem suas emoções e seu derivado mais nocivo, que é a violência.

Defende o pensador que, "pelas razões expostas, apenas, não são capazes de impor a si mesmos essa lei de justiça. Devem, pois, recebê-la de uma autoridade que eles respeitem e diante da qual se inclinem espontaneamente. Só a sociedade, seja diretamente e em seu conjunto, seja por intermédio de um de seus órgãos, está em condições de desempenhar esse papel moderador, pois é o único poder moral superior ao indivíduo cuja autoridade este aceita".

Não hesito em sustentar que, melhor que o juízo monocrático, expressão da autoridade oficial, deve julgar o ato humano de violência contra o bem mais precioso (vida), carregado de emocionalidade ou envolvido pela pressão social, a própria sociedade, ainda que em sua representação por amostragem (do corpo de jurados), uma vez que, juridicamente constituído pela presença do magistrado no tangente específico, o Tribunal do Júri é o poder moral mais respeitável, conforme o espírito das palavras de Durkheim.

Restaria ao Estado, missão social não menos importante, e em qualquer circunstância – popular ou jurisdicional – exarada na recomendação das Nações Unidas para que os "membros realizem esforços encaminhados a melhorar a educação, a cultura e a informação a fim de fortalecer a *vontade* do homem e mover sua *consciência* para prevenir o cometimento do delito" (Anais, 1980) ou, investido seu agente de poder jurisdicional, com o domínio técnico inerente e não despojado de sensibilidade social, represente-o no julgamento popular para as atividades jurídicas, especialmente na fixação da pena.

4.5. Ampliação da competência do júri?

Aos juízes de Direito e seus Tribunais reserva-se o julgamento dos delitos não inseridos no rol dos descritos como dolosos contra a vida, pelas razões já expostas, especialmente, repita-se, porque a sociedade julga com mais justiça ao fazer restrição moral com autoridade reconhecida, não se limitando aos aspectos meramente jurídicos.

Não há, pois, qualquer necessidade de ampliar a competência do Tribunal do Júri, sob pena de violar sua natureza.

Trata-se de opinião particular,[14] é verdade, mas a questão foi arduamente debatida durante os trabalhos constituintes. Conhecendo o teor do 1º Projeto Substitutivo elaborado pelo Relator da Comissão de Sistematização,[15] depois de aguerridas discussões na Subcomissão dos Direitos e Garantias Fundamentais, propiciou dezenas de

---

[14] Além das razões expostas no texto, preocupa-me a idéia de que, em se tratando de convocação do tribunal popular, e pelas características do respectivo processo, é de lembrar que é tão-somente possível um julgamento por dia. Assim, ampliada a competência para outros delitos, certamente a prestação jurisdicional tornar-se-ia muito mais lenta. Os magistrados julgam, conforme a necessidade, vários processos por dia e, mesmo assim, não logram eliminar o excesso de demandas.

[15] O art. 6º, inciso 22, desse Projeto estava assim redigido: "É reconhecida a insituição do Júri com a organização e sistemática recursal que lhe der a lei, assegurados o

emendas versando sobre o Júri. Observe-se que esse Projeto reconhecia a competência exclusiva do Júri para julgamento dos crimes dolosos contra a vida.

As mudanças pretendidas, neste momento legislativo, versavam sobre a ampliação geral da competência, definindo outros delitos além dos dolosos contra a vida (por exemplo, as de Aureo Mello: crimes contra a economia popular; Siqueira Campos: assalto à mão armada, sabotagem, seqüestro, estupro "e qualquer atentado à vida"; Mansueto de Lavor: crimes contra a natureza e meio ambiente; Vasco Alves: crimes contra o meio ambiente e administração pública; Sotero Cunha: crimes de responsabilidade, contra a economia popular, na "gestão econômica ou empresarial de organismo previdenciário e mercado de capitais", etc.); sobre a ampliação estrita da competência firmada no Projeto (por exemplo, o deputado Aluizio Bezerra queria acrescer a expressão "(...) ainda que não seja o objetivo final do criminoso").[16]

Esta foi a tônica das discussões comissárias, resultando das emendas mais dois projetos substitutivos do Relator da Comissão de Sistematização,[17] persistindo o encaminhamento de emendas similares às anteriores, mesmo desbastadas das juridicamente mais violentas ou sem essência legal.

Em plenário, foi mantida a redação do Projeto, deslocado, todavia, para o art. 5º, XXXIX, o seu reconhecimento (mais tarde, na redação definitiva da Carta, inciso XXXVIII) e distribuídas em alíneas as características da instituição. Merecem registro as emendas (rejeitadas) dos deputados Vasco Alves e José Lins, que se debateram pela ampliação da competência para outros delitos.[18]

---

sigilo das votações, a plenitude da defesa, a soberania dos veredictos e a competência exclusiva para o julgamento dos crimes dolosos contra a vida".

[16] Assim, ficaria na mesma situação jurídica que a intenção dolosa, a acidentalidade, etc. Tratava o réu como "criminoso", não deixando alternativa para "inocente".

[17] Já com sede definitiva no art. 5º, o Relator manteve a mesma redação nos dois Projetos (inciso 50, no segundo e 54, no terceiro): "É reconhecida a instiução do Júri, com a organização que lhe der a lei, assegurados o sigilo das votações, a plenitude da defesa, a soberania dos veredictos e a competência para o julgamento dos crimes dolosos contra a vida".

[18] O deputado Vasco Alves repetiu a emenda apresentada na Comissão de Sistematização, acrescendo à descrita no Projeto, competência para julgamento dos crimes contra a economia popular, patrimônio e meio ambiente. O deputado José Lins pre-

Então, não vejo como interpretar de maneira diferente pela resistência da maioria da Assembléia Nacional Constituinte, a redação final do dispositivo correspectivo, objetivava, mantida a natureza tradicional da instituição, acalmar os parlamentares com vocação ampliativa.

Essa resistência persistiu durante a intentada revisão constitucional de 1993.

Nessa oportunidade, além de questões envolvendo a soberania dos veredictos, sigilo das votações, quesitação, etc., foi novamente debatida e rejeitada a alteração na competência constitucional do Tribunal do Júri. Entre elas, as das seguintes propostas: de autoria do senador Chagas Rodrigues, que pretendia julgamento pelo Júri de todos os delitos contra vida, inclusive, obviamente, os culposos; dos deputados Rubem Medina e Eden Pedroso,[19] pretendendo o jul-

---

tendia que fosse inserido na redação do dispositivo a expressão "A lei pode atribuir ao Júri o julgamento de outras causas cíveis ou crinminais".

[19] Justificando emenda que apresentou para ampliação da competência do Júri, o deputado gaúcho Eden Pedroso, declarou: "É verdade e o autor deste projeto não desconhece, que a instituição do Júri sofreu algumas restrições ao longo de sua história de mais de oito séculos, especialmente nos países de tradição civilista. Todavia, revigorado pelas idéias da democracia participativa, é hoje novamente objeto de atenção até de países que o suprimiram, como a vizinha Argentina. A esse fundamento político de intervenção popular direta, que reside em sua função de garantia e controle, acrescente-se, igualmente, o social, em sua função de pacificá-lo, já que o julgamento popular é, de regra, melhor aceito pelo grupo social, que se identifica com os julgadores, de quanto o seja a sentença ditada autoritativamente pelo juiz togado. Ademais, os juízes populares, que julgam *secundum conscientiam* são livres no exame do fato, podendo usar do critério da reprovabilidade, como expressão do sentido moral médio, sem as amarras a que o magistrado se submete, fungindo com esta a lei. E a lei, como é notório, tem o passo trôpego, acompanhando lentamente a evolução social, de que o juízo de reprovabilidade é reflexo imediato. É pacífica a tendência que se verifica nos dias atuais no sentido da ampliação da competência do Júri, sobretudo a crimes que lesam interesses do povo em geral, como os crimes ecológicos e os denominados crimes do 'colarinho branco'. Por isso que, repita-se, havendo surgido dentro de um espírito democrático, acolhendo a média dos sentimentos do grupo societário ao julgar um dos seus iguais, o Tribunal Popular tem raízes profundas nos anseios que preservam as liberdades públicas e individuais e é tão essencial para a democracia quanto a escolha dos governantes pelo voto popular. Nestes termos, propomos a presente emenda constitucional visando garantir ao próprio povo o julgamento daqueles que lesam propositadamente o patrimônio público, em sintonia com o espírito democrático da nossa Carta Magna". A deputada Rita Camata reagiu à proposta do deputado gaúcho, pedindo a supressão da emenda, aduzindo que "o leque dos crimes possíveis contra o patrimônio

gamento dos crimes "contra o patrimônio público"; do deputado Adroaldo Streck, a competência para julgamento dos crimes contra o patrimônio público e de entidades das quais participa o Estado, e contra o meio ambiente. A rejeição alcançou, ainda, as despojadas de qualquer essência jurídica e a do deputado Wilson Campos, é um bom exemplo: "(...) a competência para os julgamentos dos crimes dolosos contra a vida, *cometidos por qualquer cidadão penalmente responsável*".

As manifestações a respeito da ampliação da competência passa pela vocação punitiva de seus autores, tentando aproveitar-se da brecha na norma constitucional.

Os defensores da idéia ampliativa não reclamam julgamento: ouve-se, isto sim, na esteira de equivocados elogios ao Tribunal do Júri, o implícito desejo de sua instrumentalização condenatória, quase vingativa, explorando a indignação social, especialmente em relação aos delitos denominados de "colarinho branco", praticados por autoridades e altos dirigentes públicos.

Isto é, o desejo não é de um juízo justo e imparcial, mas a manifestação de uma sociedade inclemente ou implacável com os supostos réus de tais crimes no Tribunal do Júri.

Por isto mesmo que A. Hese e A. Gleyse (1966, p. 130) concluíram que "o ladrão, o assassino não constituem tanto um perigo para nossa bolsa ou nossa vida quanto paera a solidez de nossas cabeças: é necessário que eles sejam castigados. Em caso de impunidade persistente, a ordem social e Justiça, que é sua armadura, se esvaziariam e o homem se sentiria desamparado".

Ao consumo externo, despoja-se de pretensão individual, assim potencialmente vítima, mesmo encolerizada, e "a segurança comum exige que o culpado seja punido" (idem). Os sociólogos referem que "a tal preço, a crença ameaçada retomará sua força, a ordem perturbada tornar-se-á normal e segura" (ibidem).

---

público é muito amplo e sua submissão a um julgamento por júri popular poderia estimular essa prática em unidades federativas e comarcas menos politizadas. Imagine-se por exemplo, o julgamento de um crime popular praticado por um político recém-eleito em uma comarca na qual gozasse de popularidade advinda de concessões feitas ou de determinados tipos paternalistas e eminentemente eleitoreiros de encaminhamento de políticas públicas, o resultado poderia ter conexão com os fatores concebidos, ao invés de estar relacionado às regras infringidas".

Justificam os autores citados até o próprio linchamento, cuja inicitiva estaria inserida na conclusão anterior. Todavia, se é possível aceitar a tese para a violência grupal, com mais razão explicam-se as leis casuísticas e/ou oportunistas. São legisferadas em momentos emocionais, comocionais, de suscetibilidade comunitária em torno de persistente insegurança, afastando o investigador social das verdadeiras causas, especialmente no que diz respeito aos crimes dolosos contra a vida, sempre impregnados de emoção humana. É o ato que deve ser isolado no contexto social, eis que ele, com raríssimas exceções, não diz respeito à ação coletiva. O sentimento que envolve esta violência é especialíssimo e contido na sua feição individualística.

Assusta, pela desatenção a tal caráter, a instigante conclusão de Hese e Gleyse: "Uma angústia, no fundo, oprime as almas, mais talvez ao simples pensamento de deixar o crime impune que ao se punir um inocente".

É procedente o cuidado de João Gualberto Garcez Ramos (1991, p. 51) quando asserta que "será necessário que o penalista e o profissional do Direito Penal compreendam que os maiores violadores das leis penais são cidadãos e que precisam ver seus direitos e prerrogativas respeitados tanto quanto outros cidadãos".

E tal envolve não apenas assegurar o juízo natural ao cidadão-réu, sua ampla defesa, mas não furtar ao cidadão-jurado sua vocação natural: julgar como ente social, e não como ente jurídico, mas mantê-lo alerta para evitar a nefasta conclusão pelo linchamento, na sua exuberante força coletiva. Daí, preservar-se a incomunicabilidade que arrosta a identificação, e via de conseqüência, a influência grupal. Busca-se a média do pensamento comunitário, assegurados os meios para alcançar-se um veredicto justo.

Este é o papel do juiz de direito: Manter o debate ao alcance da realidade ética e a informação que seja transmitida na segurança deste abrigo.

A violação da norma jurídica, que não exija se reportar a condições especiais de avaliação da conduta, nem seja o bem jurídico arrolado como o mais expressivo a ser tutelado, afastado do contexto psicossocial comum a todos os cidadãos (*ex potentia*), encontra no magistrado seu juiz natural, investido de condições técnico-jurídicas adequadas,[20] moralmente estabelecido para avaliar as condições do fato e, fundamentalmente, preparado para ser justo.

4.6. A questão da lei

Max Weber (1969, vol. 1, p. 5), examinando a dominação das normas jurídicas, estabeleceu uma linha de critérios ideais sobre a qual se sustenta sua eficácia, destacando que todo o direito "contratado" ou "outorgado", conforme fins ou valores determinados, deverá respeitado, pretensamente, pelo grupo social destinatário ou "aquelas pessoas que realizem ações sociais ou entrem em relações declaradas importantes pela associação".

Todo o direito é, essencialmente, um universo de regras abstratas, intencionalmente criadas e dirigidas aprioristicamente, enquanto a magistratura tem existência para concretização das regras instituídas, e a administração supõe o cuidado racional dos interesses previstos (...) dentro dos limites das normas jurídicas, resultando, ainda segundo Weber, em categorias fundamentais da dominação legal que são:

> "(1) Um exercício continuado, sujeito à lei, de funções dentro de (2) uma *competência*, que significa: (a) um âmbito de deveres e serviços objetivamente limitados, em virtude de uma distribuição de funções, (b) com a atribuição de poderes necessários para sua realização e fixação dos meios coatores eventualmente admissíveis e o pressuposto prévio de sua aplicação".

Portanto, mesmo considerada a visão estritamente sociológica do estudo das relações intersubjetivas, em determinado agrupamento socialmente organizado, é possível encontrar, mais naquela que no direito (sem dispensá-lo, obviamente), a verdade do procedimento adotável diante do impasse meramente jurídico (violando a norma legal).

E, o que é mais significativo, a conclusão científica de Weber não arrosta as normas jurídicas, especificamente pelo trato dado à

---

[20] Rejeitando a idéia de ampliação da competência, o deputado Valdemar Costa Neto, apresentou emenda supressiva da proposta de outro deputado, justificando que "não convém incluir na competência do júri popular o julgamento dos crimes contra o patrimônio público, que dizem respeito à matéria de alta indagação técnica e jurídica".

questão da competência deferida ao grupo social, na sua segmentação que, para efeitos meramente jurídicos, importa o oficial representado pelo Estado-Juiz ou, como sustentado neste trabalho, a sociedade investida de capacidade judicante não-oficial, mas, na amostragem representativa do Tribunal do Júri, decidindo como ente social e com a sua indiscutível autoridade moral.

Não sendo possível, infelizmente, impor, ainda, a idéia defendida neste texto – desconsiderar o júri como órgão do Poder Judiciário – é possível, ainda assim, debater o tema com visão crítica.

4.7. O inconveniente julgamento de Prefeitos

Pela tradição jurídica nacional, naquilo que é, indiscutivelmente, uma das maiores demonstrações de corporativismo político (só não é maior pela imoral existência do § 11 do art. 14 da Constituição Federal – segredo de justiça para julgamento da impugnatória de mandato eletivo – da Constituição Federal) muitas autoridades estão imunes, por prerrogativa de suas funções, de serem julgadas pelo Tribunal do Júri pelo eventual cometimento de crime doloso contra a vida enquanto investidas na função.

É de destacar a inovação carreada pelo Estatuto Maior de 1988, que ampliou o elenco dos clientes dos foros especiais, outorgando aos Prefeitos Municipais esta prerrogativa.

Contudo, diferentemente do que ocorre com os demais membros dos três Poderes Constitucionais, deixou a Carta de referir a natureza do fato delituoso remetente ao julgamento pela instância especial, limitando-se a conceder que, na Lei Orgânica Municipal, não poderá ser excluída a previsão de "julgamento do Prefeito perante o Tribunal de Justiça".

O estudo é tanto mais complexo quanto é a natureza do delito envolvendo dolo contra a vida. Acontece que, como muitos querem, tal delito é definido como "comum" e, refugiados em equivocado amparo analógico, deveria o alcaide ser julgado pelo Tribunal de Justiça do Estado respectivo.

Entretanto, ao exame do conceito de Júri a partir na norma constitucional que o manteve – art. 5º, XXXVIII – é preciso notar que o colegiado popular não é órgão do Poder Judiciário e, assim, para definição da competência para julgamentos dos chefes dos executivos municipais pela prática de crimes dolosos contra a vida, a regra que manteve a instituição excepciona sem obstáculos a do art. 29, inciso VIII, ambas do Estatuto Maior. Pela sua redação omissiva, este último dispositivo não impõe o cotejo que outras normas obrigam, ao distinguir a competência, referenciando "crime comum" ou "crime de responsabilidade", imputáveis a outras autoridades. Exemplo: do julgamento pelos Tribunais Regionais Eleitorais, na hipótese de crime eleitoral que, mesmo abstraindo o caráter de crime comum, não exclui a especialidade do foro julgador.

Acontece que, ao definir a competência do Tribunal do Júri para julgamento dos crimes dolosos contra a vida, o constituinte, se não cuidou frontalmente, ao menos implicitamente erigiu este delito à hierarquia "especial", alijando o foro especial ou privilegiado para seu julgamento.

O Tribunal de Justiça do Estado do Rio Grande do Sul, ainda que por razões diversas, através de um de seus órgãos fracionários (RJTJ-RS 157/34), enfrentou o tema com a necessária coragem, reconhecendo a competência do Tribunal do Júri para o julgamento de um Prefeito Municipal gaúcho. Todavia, a decisão não resistiu ao reexame da instância superior, e o alcaide acabou sendo julgado na Corte estadual.

Em verdade, a Constituição Federal não cuidou de excluir alguém – autoridade ou não – do julgamento pelo Tribunal do Júri.

Mesmo que houvesse concorrência de normas dentro do texto estatutário, ainda assim prevaleceria, em relação aos demais, a competência do Tribunal do Júri, posto insculpida a instituição como direito e garantia fundamental e, como tal, dotada de hierarquia preponderante ante regras objetivas e outorgantes de prerrogativas especiais.

O cabeço da norma inauguradora do Capítulo I – que trata dos direitos e garantias individuais e coletivos – estatui que "todos são iguais perante a lei, sem distinção de qualquer natureza (...)", o que ensina a impossibilidade de violação da norma preponderante pela outorga de prerrogativa ou privilégio de função.

Acresce-se, indispensavelmente, que "ninguém será sentenciado nem processado senão pela autoridade competente" (art. 5º, LIII,

CF) o que encaminha reconhecer que, sendo o juiz natural o Tribunal do Júri para "(...) para o julgamento dos crimes dolosos contra a vida" (art. 5°, XXXVIII, letra *d, in fine*, CF), nem a própria norma poderá excluir o réu-autoridade, seja qual for, de se ver julgar pelo seu povo.

Ao contrário, a norma reconhecedora da existência da instituição do Júri é que exclui o Poder Judiciário dos julgamentos de que trata a própria Carta, para reservar ao colegiado popular esta competência.

José Afonso da Silva (1992, p. 175) aduz que os direitos individuais devem ser concebidos como "direito fundamental do homem-indivíduo, que são aqueles que reconhecem a autonomia aos particulares, garantindo a iniciativa e independência aos indivíduos diante dos demais membros da sociedade política e do próprio Estado".

Oportuno lembrar a lição de Pontes de Miranda, quando comentava a Carta Constitucional de 1946, cuja inspiração democrática coincide com o que levou ao Texto Magno de 1988, em tudo aplicável atualmente:

"Nenhuma lei brasileira pode ser interpretada ou executada em contradição com os enunciados da Declaração de Direitos, nem em contradição com quaisquer outros artigos da Constituição de 1946; porém, alguns dos incisos do art. 141, são 'acima do Estado', e as próprias Assembléias Constituintes, em revisão não os podem revogar ou derrogar. Tais incisos são os que mantém declaração de direitos fundamentais supraestatais (...)" (1947, Vol. 3, p. 149).

Sabidamente, a "Declaração de Direitos" da Carta de 1946 encontra equivalente no Título II da atual Constituição ("Dos Direitos e Garantias Fundamentais), e em ambos os textos encontra-se inserida a instituição do júri (art. 141, § 28, 1946 e art. 5°, XXXVIII, 1988).

É de concluir sem dificuldade que as regras dos artigos 96, III; 102, I, *b* e *c*; 105, I, *a*; 125, § 4°, não prevalecem em relação aos crimes dolosos contra a vida que, sempre e em qualquer circunstância, desconsiderada a competência *ratione personae*, serão julgados pelo Tribunal do Júri, sob pena, como lamentavelmente vem acontecendo, de grave violação aos direitos e garantias fundamentais do cidadão e à natureza popular e democrática da instituição.

4.8. Conexão e continência

A Constituição Federal, ao estabelecer a competência do Tribunal do Júri para julgar os crimes dolosos contra a vida (art. 5º, XXXVIII, *d*), não conferiu à instituição força julgadora em relação aos demais tipos penais legalmente reconhecidos. As regras relativas à conexão e continência são ampliativas da competência e não prevalecem, pois, diante do óbice constitucional, pelo menos até que se subverta a natureza do Júri, conferindo-lhe competência judicante para outros delitos.

Não sendo órgão do Poder Judiciário, evidencia-se a impossibilidade de avocar questões ou processos da competência privativa dos detentores do poder jurisdicional. A persistir a aplicabilidade das regras de direito infraconstitucional relativas ao tema, concorrerá permanente violação do princípio da investidura.

Em se tratando de competência, Pontes de Miranda (1947, p. 138) não hesitou em afirmar que "rigorosamente, a lei ordinária, ainda quando viola regra de competência não contradiz, – infringe – (...)".

É verdade que a doutrina entende aplicável ao Tribunal do Júri as regras da conexão e continência. Todavia, não é assim. Acontece que, por ora, a competência do Tribunal do Júri promana, apenas, do texto constitucional (art. 5º, XXXVIII, *d*, CF), vedada, pois, a ampliação pela norma infraconstitucional.

Assim, se o Código de Processo Penal consagra a possibilidade de reunião dos processos em função da conexão e continência, ainda assim não alcança o preceito ordinário a competência constitucional. Trata-se de norma restrita aos delitos a serem julgados pelo juiz monocrático, isto é, dentro do mesmo nível de previsão jurisdicional, resolvendo-se, pois, no plano da legislação ordinária.

Sob a égide do anterior Estatuto e, como defendem os doutos, pela atual Constituição que, conforme eles, teria recepcionado a regra, prevalecem eficazes os artigos 76 a 82 do Código de Processo Penal, especialmente, pelo que interessa ao texto, o art. 78, I, do CPP.

Resulta daí que o jurado, leigo em questões jurídicas relevantes, não deixará de ser o *profanum vulgus* e continuará sem entender, com as dificuldades inerentes e vezes tantas insuperáveis, a diferença entre latrocínio e homicídio; entre furto e roubo; entre culpa *lato* e *strictu sensu*; exercício arbitrário e abuso de poder, etc.

E não precisaria ser assim, de vez que a força legal da norma admite outra postura. O artigo 82 do Código de Processo Penal oportuniza que "se, não obstante a conexão ou continência forem instaurados processos diferentes, a autoridade de jurisdição prevalente deverá avocar os processos que corram perante os outros juízes, salvo se já estiverem com sentença definitiva. Neste caso, a unidade dos processos só se dará, ulteriormente, para efeito de soma ou de unificação das penas", o que autoriza concluir que, não respeitada a norma da conexão ou continência, resultando em julgamentos separados, deles não afluirá prejuízo de qualquer espécie.

O art. 80 do diploma processual penal[21] não só admite, como autoriza, a separação sem repercussão nulificadora.

É de concluir, pois, que, se afastados os efeitos conexivos ou continentes de fatos da competência do Tribunal do Júri e outros da do juiz monocrático, a meu ver obrigação constitucional, não incorreria o sistema processual em qualquer impasse técnico-jurídico e, ao contrário, estaria sufragando o respeito ao direito fundamental dos cidadãos réus em homicídio ou outra imputação de ato doloso contra a vida.

Mesmo correndo o risco de afirmação temerária, estou convencido de que a dificuldade para expurgar do júri situações que o desnaturam passa pela necessidade de entender a instituição em seu qualificativo sociológico e filosófico.

Recorde-se Couture:

"La más grande de las desdichas que lê puede ocurrir a un estudioso del derecho, es las de no haber sentido nunca su discipli-

---

[21] "Art. 80 – Será facultativa a separação dos processos quando as infrações tiverem sido praticadas em circunstâncias de tempo ou de lugar diferentes, ou, quando pelo excessivo número de acusados e para não lhes prolongar a prisão provisória, ou por outro motivo relevante, o juiz reputar conveniente a separação" (CPP).

na en un estado de ansia filosófica. O mejor aún: en un estado de ansia por no haber comenzado por una plena formación filosófica, para llegar de ella al trabajo menudo de su ciencia. No hay estado de plenitud científica si no se llega a tocar esta linea limítrofe de una rama particular".[22]

Enquanto a imagem do Tribunal do Júri não for identificada pelo sistema doutrinário e jurisprudencial, diferentemente do pretendido *status* puramente jurídico, não será aceita a idéia de que ele deve julgar apenas os delitos dolosos contra a vida, na consideração do bem jurídico tutelado e nas circunstâncias da emoção humana na prática da violência.

Por enquanto, não sensibilizada a consciência jurídica, enfrenta-se questão como ela está colocada na realidade de nossos foros e tribunais, pelo menos no tangente à eventual divergência em sua análise.

As regras de direito adjetivo, tratativas da conexão e continência são de interpretação singela, mas algumas situações concretas merecem reflexões.

Assim é que, encaminhado ao tribunal popular o julgamento de delito de sua competência e outros conexos, aderidos ao processo pela *vis atractiva* ou, ainda, na hipótese de concurso de agentes – um ou mais acusados de crime dolosos contra a vida e outros de tipos penais diversos – o juízo absolutório ou desclassificatório do fato que lhe compete julgar gera situações que, no mínimo, causam perplexidade. Exemplo: o Tribunal do Júri, afastando o *animus necandi*, continua julgando os delitos conexos, da competência do juiz de direito; absolvendo delito capital, julga os demais.

Parte expressiva da doutrina brasileira e esmagadora jurisprudência admitem, seqüente ao resultado das votações dos quesitos pela condenação num fato capital e desclassificação noutro (v.g. um homicídio e uma tentativa, esta não reconhecida pelo Conselho), que se prolate uma sentença relativa à decisão dos jurados e do próprio juiz singular, ou seja, no mesmo contexto processual, concorrem duas forças julgadoras: a técnica-monocrática e popular-colegiada.

---

[22] Eduardo J. Couture, *apud* Eugenio Raúl Zaffaroni, *En Busca de las Penas Perdidas*, 1989, p. 88.

Evidenciam-se, aqui, as incoerências resultantes do desprezo dado ao conceito de direito fundamental ao julgamento pelo Tribunal do Júri, que deveria estar expungido de apreciar os fatos que não de sua competência, posto considerado, erroneamente, órgão do Poder Judiciário. A cegueira é, inequivocamente, voluntária: todos fingem que não vêem a violação do princípio da investidura jurisdicional, quando o jurado decide sobre delitos da competência do juiz de direito. Ou não se preocupam em enfrentar o tema (...) (não querem ver), o que torna mais importante, ainda, a lição de Jorge de Figueiredo Dias (1981, p. 322):

> "Daí que desde já muito se tenha considerado, com inteira razão, como puro corolário daquela exigência de legalidade a afirmação do princípio do juiz natural ou do juiz legal, através do qual se procura sancionar, de forma expressa o direito fundamental dos cidadãos a que uma causa seja julgada por um tribunal previsto como competente por lei anterior, e não *ad hoc* criado ou tido como competente. A tanto vincula a necessária garantia dos direitos da pessoa, ligada à ordenação da administração da justiça, à exigência de julgamentos independentes e imparciais e à confiança da comunidade naquela administração. Para corresponder a tais exigências importa assinalar ao princípio um tríplice significado: a) Ele põe em evidência, em primeiro lugar, o plano da fonte: só a lei pode instituir juiz e fixar-lhe a competência. b) Em segundo lugar, procura ele explicitar um ponto de referência temporal, através deste afirmando um princípio de irretroactividade: a fixação do juiz e da sua competência tem de ser feita por uma lei vigente já ao tempo em que foi praticado o facto criminoso que será objecto do processo. c) Em terceiro lugar, pretende o princípio vincular a uma ordem taxativa de competência, que exclua qualquer alternativa a decidir arbitrária ou mesmo discricionariamente".

Assim, temos, por ora, pela consideração meramente jurídica deferida à matéria, que:

a) O Tribunal do Júri julgará, conseqüente à *vis atractiva*, crimes da competência do juiz singular, além dos previstos constitucionalmente. Isto é, além dos crimes dolosos contra a vida – único da competência constitucional do Júri – outros – da competência jurisdicional – tão-somente porque assim resolve a legislação ordinária;

b) Diferentemente de todos os demais processos, os que envolvem julgamento de crimes dolosos contra a vida admitem a concorrência de decisões emanadas de julgadores distintos no mesmo processo. Isto é, na hipótese de desclassificação, em que não fique alijada a competência do colegiado popular, o juiz de direito prolatará sentença como presidente do Tribunal do Júri e como órgão jurisdicional monocrático.[23]

Acontece que, firmada a competência do Tribunal do Júri pela formação de juízo absolutório ou condenatório (não desclassificatório, obviamente), no julgamento de crime doloso contra a vida, em qualquer das séries (eventualmente interrompida uma anterior à outra que também trate de fato da mesma natureza), continuará sempre competente para os demais do julgamento. Isto é, prevenida a competência pelo julgamento consolidado de um deles, não há como afastá-la para os demais, com o que se arreda a hipótese de dois julgadores para o mesmo processo: o juiz de direito e o colegiado popular.

Assim, em forçada síntese: sempre que o Júri julgar, absolvendo ou condenando, ficará prevento para o julgamento dos delitos conexos.

Mais: na hipótese de cisão de julgamento em que se imputa a dois réus tentativa de homicídio, o Júri será sempre competente para o outro, isto porque, mesmo desclassificando no primeiro julgamento, mantém-se competente para o segundo. Repetindo a desclassificação para o outro réu no segundo julgamento, por ter julgado o primeiro, está definitivamente vinculado ao segundo. Resulta, pois, que julgará, assim, dois delitos que ele mesmo reconheceu ser da competência do juizado singular.

Observe-se que, nas hipóteses aventadas hipoteticamente, não tenho por compossível a convivência de dois julgadores, como aci-

---

[23] O eminente juiz de direito do Estado do Paraná, Ronaldt Grollmann, ensina que "se o Conselho de Sentença, após reconhecer a autoria e materialidade, negar o quesito sobre o homicídio tentado (falta de adequação típica da conduta), ocorrerá a desclassificação para lesões corporais e, de como as demais séries tratam de crime da competência do juiz singular, encerra-se a votação, proferindo o Juiz Presidente do Júri, a *sentença que deverá conter fundamentação de mérito apenas em relação aos cometimentos afetos à competência do juiz singular, inclusive o desclassificado. Quanto ao primeiro, por consideração à soberania dos veredictos, a fundamentação se restringirá à individualização da pena*". (1992, p. 128).

ma acentuado, em um mesmo processo; não tenho por suportável a existência de duas sentenças de juízes diferentes (aqui tomando o Conselho de Sentença como tal), ou uma sentença de decisões promanadas de julgadores diferentes.

Importa registrar que o magistrado, ao jurisdicionar processo de crimes dolosos contra a vida, antes do julgamento em plenário, o faz como Presidente do Júri, podendo atuar monocraticamente neste momento apenas para afastar a competência do colegiado popular. Tal é possível na impronúncia (que a mantém latente, todavia), na desclassificação e na absolvição sumária. Nas duas últimas hipóteses, apenas diante de tamanha evidência autorizadora convocar o Tribunal do Júri seria injustificável atentado contra a economia processual.

Tanto é verdade que exerce a função acima exposta, que vedado lhe é, por exemplo, mesmo absolvendo sumariamente o acusado de homicídio (ou tentativa), julgar os delitos conexos. Ou seja, terá que aguardar o trânsito em julgado da decisão para enfrentar o julgamento dos delitos da competência do juiz singular.

É possível, ante a conexão ou continência, resultarem dois processos (ou mais), mas em qualquer deles um único órgão ou entidade julgadores.

Ainda agrilhoado ao caráter jurídico desta parte do texto, hei que considerar as soluções para os impasses.

a) Melhor seria que o juiz de direito presidente do Tribunal do Júri o fosse sempre nesta circunstância. Assim não assumiria a jurisdição dos demais juízes criminais;

b) Entender revogada a norma contida no § 2º do art. 492 e aplicável, em qualquer tempo, a do parágrafo único do art. 81. O Juízo destinatário aplicaria, no respeitante ao desclassificado delito doloso contra a vida, os arts. 383 ou 384, todos do Código de Processo Penal.

c) Como solução definitiva e mais completa, não reconhecer a conexão ou continência entre delitos diferentes dos da competência do Tribunal do Júri que, assim, julgaria tão-somente os dolosos contra a vida, conforme sua natureza não-judiciária e despojado de poder jurisdicional.

Nessa última hipótese, seria considerada, obrigatoriamente, a unificação das penas nos termos do arts. 82, *in fine*, e dos da Lei das Execuções Penais que versem sobre a matéria em eventual condenação.

Olvida-se a lição de Carlos Maximiliano (1940, p. 15 e 164):

"Considera-se o Direito como uma ciência primariamente normativa ou finalista, por isso mesmo a sua interpretação há de ser, na essência, teleológica. O hermeneuta sempre terá em vista o fim da lei, o resultado que a mesma precisa atingir em sua atuação prática. A norma enfeixa um conjunto de providências protetoras julgadas necessárias para satisfazer a certas exigências econômicas e sociais; será interpretado de modo que melhor corresponda àquela finalidade e assegure plenamente a tutela de interesse para a qual foi regida".

Seria importante que, no enfrentamento da matéria, fosse dada interpretação mais digna da instituição, que tanto perde em qualidade e pureza com a destinação equivocada dada à sua competência, no reconhecimento da continência ou conexão com delitos que não sejam os dolosos contra a vida.

5. Impronúncia e o direito ao estado de inocência

5.1. Introdução

Toda a sistemática procedimental relativa ao Tribunal do Júri está sedimentada nos artigos 394 a 498 do Código de Processo Penal, sendo, certamente a mais complexa normatização adjetiva que, é unânime, teria sido recepcionada pela Constituição de 1988.

O sistema derivou-se do Decreto-Lei 167/38, editado em pleno Estado Novo e transposto ao Código em 1942. Sua origem, pois, tem, indiretamente, a eiva do momento autoritário que prevaleceu no país enquanto durou a Ditadura Vargas, além da inspiração, como de resto toda a codificação daquele momento histórico, no Código Rocco, italiano, da era Mussolini.

Não se poderia esperar, assim, que praticasse o legislador o respeito aos princípios processuais que viriam consagrar-se mais tarde (Constituições de 1946 e 1988), tais como o devido processo legal, ampla defesa (que no Júri tem que ser plena, *ex vi* art. 5º, XXXVIII, alínea *a*, CF) . Daí, não ser surpreendente os vestígios fascistóides de algumas normas que, lamentavelmente, ainda têm apoio da doutrina e da jurisprudência brasileiras.

Nesta plana destaca-se o artigo 409, parágrafo único do Código de Processo Penal, que lobriga a possibilidade de perpetuar-se a pretensão acusatória, mesmo julgada improcedente a acusação e extinto o processo, porque, na dicção legal, *enquanto não extinta a punibilidade, poderá, em qualquer tempo, ser instaurado processo contra o réu, se houver novas provas.*

Além da duvidosa constitucionalidade da norma, face à violação do princípio da isonomia processual, mais grave é a vedação de igual procedimento quando o denunciado/impronunciado conseguir prova de sua inocência, *v.g.* chegar-lhe às mãos prova de que agira em legítima defesa ou de que não fora o autor do fato, através de uma filmagem oculta por terceiro que, então, hesitara em trazer a fita respectiva ao processo, só o fazendo após a sentença (decisão interlocutória, na verdade) de impronúncia.

Sabidamente, o processo tem um subproduto psicossocial, qual seja, a capacidade de estigmatizar os réus, mormente quando envolvidos em processos criminais. E o processo que envolve crime doloso contra a vida – a ser julgado pelo Tribunal do Júri – tem especial carga emocional, haja vista a agressão contra o bem jurídico axiologicamente considerado de maior importância para todos os seres: a vida.

Não é raro ouvir em debates acalorados ou hostis alguém gritar que jamais foi processado, que é primário, etc., autorizando concluir que, se respondesse processo ou fosse condenado, perderia condição de sua dignidade e cidadania.

Todo o réu é vítima do preconceito, vez que a sociedade é intolerante com a ruptura das relações intersubjetivas, tendendo, ainda que em vezes várias injustamente, a estabelecer um pré-juízo condenatório ao responsável, com o que ela sempre poderá contar com a inconseqüência da mídia na formação de opinião.

O estudo desenvolvido neste texto tem como finalidade buscar uma alternativa jurídica, mas com apoio sociológico, para alcançar uma medida mais justa ante o interesse (direito) do acusado ver proclamada no plano da realidade material a sua inocência, com decreto judicial de absolvição, mesmo que, para isto, valha-se da permissão legal do uso da analogia (art. 3º, CPP), com a busca na legislação processual civil do instrumental necessário para reequilibrar esta dramática relação no procedimento criminal.

Para tanto, valendo-se do sistema de do filósofo alemão Edmund Husserl, principalmente pela abordagem dos problemas segundo um método que busca reencontrar a verdade nos dados originários da experiência a partir da codificação e ao longo de seu emprego (decisões) até a data atual, impôs-se o emprego da etiologia do instituto do Júri e da fenomenologia ocorrente na *judicium accusationis*, e ainda, que obliquamente.

Na substância da proposta, intenciona-se restabelecer os princípios constitucionais do processo, cujo embate para sua consolidação tem sido ingrato aos seus defensores, seja pela insensibilidade dos tribunais diante do fenômeno, seja pela indiferença da doutrina.

5.2. Estado de inocência, dignidade e estigmatização

5.2.1. Estado de inocência

O princípio da presunção de inocência ou do estado de inocência, segmento do princípio do devido processo legal, está previsto no art. 5°, inciso LVII, da Constituição Federal, que assim dispõe: *"ninguém será considerado culpado até o trânsito em julgado da sentença penal condenatória"*, o que consagra a mais expressiva garantia do *status libertatis* de todos ante a força e o poder do Estado, enquanto não demonstrada à exaustão a responsabilidade criminal do acusado.

Com origem na Declaração dos Direitos dos Homem e do Cidadão (1791), definiu em seu art. 9° que "tout homme étant présumé innocent jusqu'a ce qu'il ait été déclaré coupable; s'il est jugé indispensable de l'arrêter, toute rigueur Qui ne serait nécessaire pour s'assurer de as personne, doit être sévèrement réprimée par la loi".

O princípio impressionou a humanidade e foi reproduzido na Declaração dos Direitos Humanos da ONU (1948), registrando em seu artigo 11, que "toda pessoa acusada de delito tem direito a que se presuma sua inocência, enquanto não se prova sua culpabilidade, de acordo com a lei e em processo público no qual se assegurem todas as garantias necessárias para sua defesa".

No sistema normativo brasileiro, desde que o Congresso Nacional, pelo Decreto Legislativo n° 27, de 26 de maio de 1992, está integrado o texto da Convenção Americana sobre Direitos Humanos (Pacto de São José da Costa Rica). Após sua assinatura e aprovação legislativa nacional, o Brasil depositou a respectiva Carta de Adesão à Convenção (25 de setembro de 1992), passando a ser exigível seu cumprimento no território brasileiro pelo Decreto n° 678, de 06 de novembro de 1992, publicado no D.O.U. de 09.11.92, p. 15.562 e ss.O *Pacto de São José da Costa Rica*, como passou a ser denominado, em seu art. 8º, I, estabelece o princípio da presunção de inocência ou do estado de inocência, em sua dimensão real, ordenando que "toda pessoa acusada de delito tem direito a que se presuma sua inocência enquanto não se comprove legalmente sua culpa".

Ressalte-se que aludido preceito legal tem valor de norma constitucional em nosso Ordenamento Jurídico, pois o § 2º do art. 5º da Constituição Federal declara que "os direitos e garantias expressos nesta Constituição não excluem outros decorrentes do regime e dos princípios por ela adotados, ou dos tratados internacionais em que a República Federativa do Brasil seja parte".

De tais normas hierarquicamente superior, observa-se que a presunção de inocência tem como seu derivativo mais significativo e inexpungível dentro da relação processual criminal, com exceção da primeira fase do procedimento do Júri,[24] o princípio do *in dubio pro reo*, que impõe a absolvição do acusado. Deve ser declarado inocente, através de sentença fundamentada, pois é o estado de inocência direito fundamental do cidadão, ou seja, está o Estado obrigado, constitucionalmente, obrigado a eliminar a dúvida estigmatizante que fez pesar sobre ele, mediante acusação improvada na instrução do feito.

Não é demasia, pois, concluir que a Constituição e o Pacto determinam que o processo deve ter solução, condenatória se provada a atividade criminalidade, absolutória, se ocorrer em contrário e o Estado frustar sua obrigação probatória.

5.2.2. Estigmação pelo processo

Já dissera *Carnelluti que o processo penal é mais vergonhoso do que a própria pena*. Deveria, há muito, estar a afirmação superada pela necessidade de as segurar-se o valor *dignidade da pessoa humana* especialmente nos estigmatizantes processos criminais.

O Brasil consagra-se pelas desigualdades sociais e, daí, a repercussão irremessível no ambiente jurídico, e vice-versa, isto é, o cidadão sujeito a processo criminal passa a ver-se estigmatizado em

---

[24] A referida fase tem a denominação de *judicium accusationies* e, por versar sobre competência, opera com o princípio do in dubio pro societate, que na verdade não significa que seja "em favor da acusação", mas sim, em favor do julgamento pelo juiz natural que é o Conselho de Sentença.

seu *habitat* social. O desagravo moral está associado à sentença absolutória, à declaração de sua inocência.

A dignidade pessoal tem correrspondência na dignidade social e melhor sente-se quanto menos "tiver problemas com a justiça", manifestados estes na tramitação de processo judicial, inquéritos, queixas, etc., que indesmentivelmente, são produtores de "má fama".

Rompe-se a isonomia nas relações inter-subjetivas, expressando, ao mais, notável distinção entre os criminosos de melhor postura na sociedade e os que, por miseráveis, já são marginalizados ou excluídos, restando, como prêmio pelo esforço diário (e tem que se esforçar) para se manter honesto apenas sua dignidade pessoal.

Alguns delitos são destinatários de maior censura, outros com menor reprovação, de que decorre a ampliação estigmatizante, e a inconseqüente adjetivação do autor do fato supostamente delituoso como "ladrão", "tarado", "vigarista", "assassino", cruelmente empregado sem a definitiva manifestação judicial.

Impressionam as palavras de Aury Celso de Lima Lopes Junior (2000, p. 73), que disserta a respeito da instrumentalidade do processo:

"Essa grave degeneração do processo permite que se fale em verdadeiras penas processuais, pois confrontam violentamente com o caráter e a função instrumental do processo, configurando uma verdadeira patologia judicial, na qual o processo penal é utilizado como uma punição antecipada, instrumento de perseguição política, intimidação policial, gerador de estigmatização social, inclusive com um degenerado fim de prevenção geral. Exemplo inegável nos oferecem as prisões cautelares, verdadeiras penas antecipadas, com um marcado caráter dissuatório e de retribuição imediata."

"O mais grave é que a pena pública e infamante do Direito Penal pré-moderno foi ressuscitada e adaptada à modernidade, mediante a exibição pública do mero suspeito nas primeiras páginas dos jornais ou nos telejornais. Essa execração ocorre não como conseqüência da condenação, mas da simples acusação (inclusive quando esta ainda não foi formalizada pela denúncia), quando todavia o indivíduo ainda deveria estar sob o manto protetor da presunção de inocência."

"De nada serve um sistema formalmente garantista e efetivamente autoritário. Essa falácia garantista (53) consiste na idéia de que bastam as razões de um 'bom' Direito, dotado de sistemas avançados e atuais de garantias constitucionais para conter o poder e pôr os direitos fundamentais a salvo dos desvios e arbitrariedades. Não existem Estados democráticos que, por seus sistemas penais, possam ser considerados plenamente garantistas ou antigarantistas, senão que existem diferentes graus de garantismo e o ponto nevrálgico está no distanciamento entre o ser e o dever ser".

A atuação muitas vezes lamentável da mídia que, sem pesquisa mais qualificada da verdade, não hesita, em favor da publicação de uma notícia, se não mal-intencionada, ao menos irresponsável, em denegrir nomes de cidadãos judicialmente processados, estigmatizando-os através dos modernos meios de comunicação de massas.

No mesmo sentido a manifestação de Francisco Bissoli Filho (1998):

"Com efeito, segundo a ideologia penal dominante, oriunda Criminologia positivista (desenvolvida com base no paradigma etiológica e reproduzida na cultura manualesca oficial, o crime e a criminalidade são concebidos como o produto de um conjunto de fatores que, sejam de ordem individual, física ou social conformam a personalidade de uma minoria de indivíduos como socialmente perigosa , tornando-os pela incidência determina destes fatores, mais propensos a delinqüir. Seria fundamental, pois 'ver o crime no criminoso' porque sua prática e, sobretudo, a reiteração dela, constituiria sintoma revelador da personalidade mais ou menos perigosa (antisocial) de seu autor. (Ferri, Princípios de Direito Criminal)."

"A criminalidade aparece, pois, neste paradigma, como uma realidade ontológica: as condutas criminosas como intrinsecamente criminosas e seu autor como um criminoso por concretos traços de sua personalidade ou influência de seu meioambiente; ou seja, por sua própria biografia. Daí a máxima de que ser criminoso constitui uma propriedade da pessoa que a distingue por completo dos indivíduos normais. Ele apresenta estigmas decisivos da criminalidade. Daí o divisionismo ideológico maniqueísta entre o bem (a sociedade) e o mal (a criminalidade) contra a qual se deve dirigir uma adequada 'defesa social'."

Conclui mais adiante:

"Mas é a própria intervenção do sistema (autêntico exercício de poder, controle e domínio) que, ao reagir, constrói, co-constitui o universo da criminalidade (daí processo de criminalização) mediante a definição legal de crimes e outras normas pelo Legislativo, que atribui à conduta o caráter criminal (criminalização primária) seleção das pessoas que serão etiquetadas, num continuum pela PolíciaMinistério Público e Justiça (criminalização secundária) e estigmatização, especialmente através da prisão, como criminosos, entre todos aqueles que praticam tais condutas."

5.2.3. Dignidade como direito fundamental

Base de toda a estrutura jurídica, é a personalidade do indivíduo o meio pelo qual constrói seus direitos e obrigações, estabelecendo ele, a partir de eleições particulares, de caráter íntimo, ainda que mantida a tensão do meio sociojurídico externo, as opções para exercitar aqueles a exigir estas. Decorre que ele passa a ser a motivação teleológica da regulamentação normativa – moral e jurídica da sociedade – sob o império do Estado, sem jamais perder sua individualidade.

Não é sem razão que a Lei Fundamental de Bonn, Alemanha (1949), deu à expressão "dignidade" seu porte constitucional, *verbis: A dignidade do homem é intangível. Os poderes públicos estão obrigados a respeitá-la e protegê-la* (art. 1.1).

Hoje, todas as Cartas políticas modernas têm a dignidade do cidadão como preceito básico e fundamental de um Estado democrático de Direito. E o Brasil não fugiu à regra.

No primeiro artigo da Constituição Federal está assegurado que a "República Federativa do Brasil, formada pela união indissolúvel dos Estados e Municípios e do Distrito Federal, constitui-se em Estado Democrático de Direito e tem como fundamentos (...) a dignidade da pessoa humana" (inc. III), objetivando, como fundamentais da República (art. 3º), "construir uma sociedade livre, justa e solidária (inc. I); garantir o desenvolvimento nacional" (inc. II); "erradicar a pobreza e a marginalização e reduzir as desigualdades sociais e regionais" (inc. III); "promover o bem de todos, sem preconceitos de origem, raça, sexo, cor, idade e quaisquer outras formas de discriminação" (inc. IV). Finalmente, a Carta garante que "todos são iguais perante a lei, sem distinção de qualquer natureza, garantindo-se aos brasileiros e aos estrangeiros residentes no País a inviolabilidade do direito à vida, à liberdade, à igualdade, à segurança e à propriedade (...)." (art. 5º).

O Pacto de San Jose da Costa Rica, inserto no sistema normativo brasileiro por força da respectiva Convenção, foi referendado pelo Brasil pelo Decreto nº 678 de 09.11.1992, com eficácia de lei federal, traz no seu artigo 11 a certeza de que, no Brasil, como nos demais países signatários, haverá *proteção da honra e da dignidade,* estabelecendo que:

1. Toda pessoa tem direito ao respeito da sua honra e ao reconhecimento de sua dignidade.

2. Ninguém pode ser objeto de ingerências arbitrárias ou abusivas em sua vida privada, em sua família, em seu domicílio ou em sua correspondência, nem de ofensas ilegais à sua honra ou reputação.

3. Toda pessoa tem direito à proteção da lei contra tais ingerências ou tais ofensas.

Ernesto Benda (1978, p. 46) manifesta-se entusiasmado com a inserção da dignidade como valor fundamental constitucional, sustentando que, assim, se impede a submissão do ser humano, injustamente, inclusive em relação do poder do Estado, incumbindo a este assegurar ao cidadão a garantia de sua existência material e moral mínima.

Na conjugação dos diplomas nacional (Constituição) e internacional (Pacto de San José da Costa Rica), imbrincam-se as orientações jurídicas e sociofilosóficas em torno deste bem do homem, tornando o Estado e os demais membros da comunidade juridicamente organizada, assegurar (aquele) e respeitar (este) a integritude do princípio, inclusive (e talvez principalmente) no plano do processo penal.

5.3. Judicium accusationis

Mesmo que não seja o tribunal popular – no entendimento particular do autor (1996, p.45) – órgão do Poder Judiciário, defendo que conceito de Júri deve ser extraído de sua natureza constitucional, pois que ele é *a garantia constitucional do cidadão ser julgado pelo povo, quando acusado da prática de fatos criminosos definidos na própria Constituição ou em lei infraconstitucional, com a participação do Poder Judiciário para a execução de atos jurisdicionais privativos.* Para chegar a esta definição, necessário se fez cotejar os argumentos de vários autores com a evolução institucional nas diversas Constituições que teve o Brasil (imperial e republicano).

Para não perder a motivação pragmática deste texto, destaco para consumo imediato, apenas dois argumentos em favor do convencimento supra:

a) o rol constitucional dos órgãos do Poder Judiciário é exaustivo na Constituição Federal (art. 92);

b) a inclusão do Tribunal do Júri entre os Direitos e Garantias Fundamentais na Carta de 1988 (art. 5º, XXXVIII) e em Constituições anteriores.

O procedimento nos julgamentos pelo Tribunal do Júri desenvolve-se em dois momentos: O primeiro, segmentado entre o recebimento da denúncia e eventual pronúncia (ou impronúncia, desclassificação ou absolvição sumária), de instrução preliminar, denominado *judicium accusationis,* cuja função teleológica é avaliar a admissibilidade da pretensão acusatória e, assim, encaminhar o julgamento pelo Conselho de Sentença ou, ao contrário, afastá-lo temporária ou definitivamente (impronúncia ou desclassificação e absolvição sumária); o segundo, denominado *judicium causae,* versa sobre os atos processuais preparatórios ou da própria realização do julgamento popular. Interessa ao texto apenas a primeira fase, sede do impasse que o motivou.

A atuação do juiz de direito sem competência para julgamento ordinário é feita como titular do poder jurisdicional, porque os atos instrutórios, além do recebimento da denúncia, não dependem da intervenção do Conselho de Sentença.[25] É de lamentar-se esta reali-

---

[25] A instrução é idêntica ao processo comum (arts. 394 a 405, CPP). O momento específico destinado ao Júri, ainda sem intervençao dos jurados, inicia-se com as manifestações escritas das partes (art. 406, CPP).

dade, pois melhor seria que os depoimentos fossem prestados perante os juízes de fato não apenas nas circunstâncias conhecidas.

Os atos praticados são idênticos aos demais procedimentos judiciais-penais, encerrando-se com a prolação de uma decisão monocrática após a juntada das alegações das partes, nos termos do art. 406 do Código de Processo Penal.

Todavia, a partir do artigo 406 do CPP, sobrevém situação especial atribuída pela legislação processual aos processados por crime doloso contra a vida. É fácil inferir, inclusive, a competência do Tribunal do Júri desde o recebimento da denúncia neste diferir processual: em outros processos inexiste, depois de apresentadas as alegações finais e, eventualmente, despacho saneador, decisão como a pronúncia, desclassificação, impronúncia ou absolvição sumária, que são as únicas (e obrigatórias) alternativas de que dispõe o juiz quando a imputação versar sobre delitos atentatórios à vida humana.

A autorização legal para essas decisões decorre da qualificação do juiz togado para o exame técnico-jurídico do processo, quando, ao contrário de declarar a competência do Júri, como entendem alguns, (já firmada com o recebimento da denúncia ou aditamento), poderá excluí-la, desde que se evidencie a inexistência do fato, a composição típica não dolosa contra a vida ou, única hipótese de verdadeiro julgamento, ante a evidente ausência do caráter criminoso do fato. A palavra evidência, pois, é a senha para essa autorização judicial.

É decorrência óbvia, portanto que a dúvida opera em favor do povo ou, como contempla o jargão latino, *in dubio pro societate*.

Despicienda a discussão quanto ao outro brocardo latino – *in dubio pro reo* – já que não se pode excluir o povo do exame do fato, posto seu juiz natural. *Contrario sensu*, seria a usurpação de um direito e de uma garantia do cidadão, agradável apenas aos judicialistas, temerosos, pelas mais variadas razões, do julgamento popular.

Não se pode perder de vista que a atuação do magistrado em feitos desta natureza não inclui a função julgadora, a não ser, excepcionalmente, em dois momentos: para absolver sumariamente quando a conduta é óbvia e evidentemente lícita (art. 411, CPP) ou quando, pela desclassificação própria nos julgamentos pelo Conselho de Sentença, ele é legalmente obrigado a prolatar sentença (art. 492, § 2º, CPP)

A pronúncia, em torno da qual circunvagam inúmeros conceitos seqüentes ao exame de sua natureza jurídica (sentença ou despacho?), não carrega consigo qualidade decisória mais significativa, nem inova a situação jurídica do fato na sua destinação genérica. Poderá, não obstante isto, oferecer restrição à pretensão acusatória (v.g. afastando qualificadora).

Sua eficácia está em estabelecer os limites da acusação, após tê-la como admissível, fazendo a necessária adaptação do direito ao fato, evitando *plus* acusatório gravoso ao pronunciado em plenário, além de evitar o envio de matéria demasiado complexa ao Conselho de Sentença.

Assim como o despacho prolatado com base no artigo 407, do Código de Processo Penal, é destinado ao saneamento formal do processo, o é para o material o art. 408, do mesmo diploma legal (v.g. excluindo qualificadora).

A impronúncia, ante a estrutura probatória proposta ao exame no encerramento da *judicium accusationis*, de sua vez, é eficaz para suspender a competência do Tribunal do Júri, ante a evidência supra-destacada. Não gera coisa julgada material e se contém de inteligência político-criminal, pois que evita a convocação do povo para efeitos meramente homologatórios da desqualificação da prova.

Cabe referir, incidental mas necessariamente, que Juiz de Direito, não podendo julgar imediatamente o fato identificado como de competência monocrática, está exercendo sua função de Presidente do Tribunal do Júri, sem jurisdição criminal comum (*lato sensu*). Assim é com a impronúncia.

Em se tratando de absolvição sumária, a decisão versa sobre o fato denunciado como doloso contra a vida. Eventuais conexos, pela razão acima, não serão julgados.

Esta é a única hipótese deferida ao Juiz de Direito Presidente do Tribunal do Júri, de julgar, verdadeiramente, naquela condição. E só neste momento processual. Investido do poder jurisdicional, é-lhe fácil identificar excludentes da criminalidade ou casos de isenção de pena, desde que evidentes. Cuida-se, aqui, para evitar a eventual usurpação ao juiz natural, de matéria indiscutível à luz do conjunto probatório, da necessária evidência, como já enfatizada anteriormente.

Não se consagra a dúvida em favor do indivíduo. Mas consagra-se a certeza de sua inocência, a ponto de dispensar a convocação do povo.

Por isto, é de todo injustificável que o Estado movimente sua máquina judiciária, assim ativada pela iniciativa de uma acusação que resulta comprovadamente injusta, para, sem decretar, pelo efeito da lei, a inocência, perpetue-se a possibilidade de vir novamente acionada, se surgir prova *contra* o réu. Toda a acusação oficial nos limites do processo está embalada pela presunção de culpa, vez que, neste sentido, existem elementos informativos, ainda que de caráter inquisitorial. Se para consumo externo, social, concorre o princípio constitucional da presunção de inocência, este poderá ser derribado a qualquer tempo, se comprovada a pretensão acusatória.

A impronúncia, por evitar o decreto absolutório, eterniza a presunção da denúncia, e ela, neste plano, conflita com o estado de inocência. Portanto, expõe-se a chaga da inconstitucionalidade, vez que o réu está aparelhado para comprovar sua inocência.

De tudo resta o paradoxo: presumivelmente inocente, não pode ver consagrada a certeza deste estado. Presumivelmente culpado pela pretensão acusatória, poderá vir a ser pronunciado e, assim, julgado e quiçás condenado, consolidando-se certeza da culpa. E o *favor rei*?

Certo que, a partir dos elementos indicativos trazidos pelo inquérito, admitindo a seriedade na formação da *opinio delicti*, e com o recebimento da denúncia oferecida pelo Ministério Público, estabelece-se o devido processo legal, com a principiologia dele derivativa. É aceitável a pendência de um, senão o mais caro, dos princípios constitucionais?

Veja-se a lição de Morelo (1994):

"Quizás convenga recordar que el debido proceso legal, con rasgos más acentuados en el juicio penal, significa que: a) ningún justiciable puede ser privado de un derecho sin que se cumpla un procedimiento regular fijado por la ley; b) ese procedimiento no puede ser cualquiera sino que debe ser el debido; c) para ser el debido tiene que dar suficiente oportunidad al justiciable para participar con utilidad en el proceso; d) esa oportunidad requiere tener noticia fehaciente o conocimiento de la causa y de cada uno de sus actos y etapas, poder ofrecer y producir prueba, gozar de audiencia, ser oído".

Frustra-se com a realidade em estudo a perspectiva de suficiência quanto às oportunidades (nem as terá), como, o que é mais grave e perverso, é-lhe vedada a participar com utilidade no processo.

Resumindo:

a) Pelo artigo 408, *caput,* do diploma adjetivo, o agente será pronunciado *se o juiz se convencer da existência do crime e de indícios de que o réu seja o seu autor, pronunciá-lo-á, dando os motivos do seu convencimento.*

b) Mas, *se não se convencer da existência do crime ou de indício suficiente de que seja o réu o seu autor, o juiz julgará improcedente a denúncia ou a queixa* (art. 409, *caput,* CPP). E, *enquanto não extinta a punibilidade, poderá, em qualquer tempo, ser instaurado processo contra o réu, se houver novas provas* (art. 409, parágrafo único, CPP);

c) Entendendo não haver *animus necandi,* desclassificará a incriminação e enviará os autos ao juizado competente (art. 410, CPP);

d) E o absolverá sumariamente se, vencido o *in dubio pro societate,* estiver o agente sob o abrigo de excludente da criminalidade ou da culpabilidade.

5.4. Direito à absolvição: instrumento processual

5.4.1. O direito à absolvição

Mesmo que pretendam alguns que existe uma clivagem nítida entre o direito e a justiça, porquanto aquele emerge, basicamente, do sistema normativo positivado, e esta, mais abrangente, ainda que não coercitiva, do consenso necessário para a consolidação das relações intersubjetivas, sem a marca da oficialidade estatal.

Mas, está estratificada a unidade dos conceitos, que, de inicial ambigüidade no entendimento comum dos cidadãos, tornou-se ciência com exemplar carga filosófica.

Assim, o direito existe pela proteção da dignidade, vez que esta, por expressar a imagem e o conceito do homem perante seus pares, seja por valor pessoal ou social, que se lhe garante o respeito da família e da sociedade.

O reparo à dignidade perdida pela força do estigma social em virtude do processo criminal, leva à acolhida das teses do garantismo penal defendido por Luigi Ferrajoli (1997), que significa precisamente a tutela dos direitos fundamentais que, mesmo que contrarie interesses de outrens devem ser satisfeitos, pois a função teleológica do direito penal é a imunidade do indivíduo face o autoritarismo oficial e a defesa dos fracos mediante a isonomia, dignidade da pessoa do imputado e, portanto, garantia de sua liberdade.

A justiça une indissoluvelmente o direito e a dignidade pessoal, e daí, a personalidade social.

Inescapável que a formação conceitual de direito deve estar atenta à ordem moral geral e, por isto mesmo, quando abalada esta – e o será sempre diante da indignidade de um dos indivíduos que integram o meio destinatário – impõe-se adequar o direito ao interesse sócio-moral.

O direito é o ordenamento das relações interpessoais (*ius est ad alios*), e, por conseguinte, a normatividade jurídica é aquela que defende o homem em sua absoluta individualidade, em sua distinção perante os demais pares, ao mesmo tempo que os mantém interligados.

Na coordenação dos dois pólos – individual e social – o direito estabelece a estrutura bifacial da proteção, ou seja, da comunidade e do cidadão, o que prova que o sistema jurídico e o moral objetivam a mesma coisa, qual seja, a preservação do indivíduo, sem comprometer a integritude comunitário.

Irrenunciável, pois, o direito à sua dignidade pela agressão processual da ação penal mal-sucedida.

E tal direito só pode ser alcançado se declarada a absolvição, vez que a instabilidade favorável à acusação não pode caminhar apenas na direção da condenação.

5.4.2. Analogia como instrumento processual

Se não é dado ao Estado recusar-se a devolver a dignidade ofendida, deve ser investigado o caminho de volta, do reencontro do cidadão com sua integridade jurídica, moral e social, para a descoberta da remédio adequado para provocar a manifestação favorável do Estado-Juiz.

Qual o instrumento jurídico capaz de provocar o desarquivamento de um processo para declarar a absolvição do interessado, quando nada juridicamente se lhe aflige em contrário, salvo o interesse, legítimo, de resgatar sua dignidade?

A sentença de impronúncia produz coisa julgada formal, vez que não há julgamento de mérito. Mas, como referido anteriormente, traz irrefutável prejuízo ao impronunciado, vez que, diante da prova da sua inocência, não pode ver declarada a sua absolvição, com o que, pelo estigma processual, sua dignidade permanece ofendida.

Entendo que, aplicando a analogia, fazer uso da ação declaratória prevista no artigo 4º do Código de Processo Civil.

É que a resposta ao impasse apresentado no longo do texto não pode ser encontrada no direito processual penal.

Cogita-se de habeas corpus, mas, como visto, não existe aflição ao direito ambulatorial do impronunciado. Inexistem cautelares que acobertem a pretensão mais abrangente. O mandado de segurança não depende apenas do direito líquido e certo do mandante, mas também de ato ilegal ou abusivo da autoridade, no caso o magistrado prolator da interlocutória de impronúncia. A revisão criminal versa apenas sobre condenação, inocorrente.

Ora, a analogia é um processo lógico de adaptação de uma norma legal pelo operador de direito a uma situação sem previsão no estatuto correspondente, ou seja, a analogia jurídica consiste em aplicar, a um caso não previsto pelo legislador, a norma que rege caso análogo, semelhante.

Não é sem razão que o artigo 3º do Código de Processo Penal alerta que a *lei processual penal admitirá interpretação extensiva e aplicação analógica, bem como o suplemento dos princípios gerais de direito.*

O artigo 4º, CPC, tem a seguinte redação:

"O interesse do autor pode limitar-se à declaração:
I – da existência ou da inexistência de relação jurídica;
II – da autenticidade ou falsidade de documentos.

Parágrafo único: É admissível a ação declaratória ainda que tenha ocorrido a violação de direito".

Para propor ou contestar ação é necessário ter interesse e legitimidade. (CPC, art. 3º). No dizer preciso de Albuquerque Rocha, (1986) "se só o Estado pode garantir os direitos violados ou ameaçados de violação, então, toda vez que alguém entender que o seu direito foi violado ou está ameaçado de violação, aparece para ele a necessidade de recorrer ao Estado a fim de pedir-lhe a proteção para esses direitos violados ou ameaçados de violação". Mais adiante, disserta que "o interesse de agir é justamente essa necessidade que tem alguém de recorrer ao Estado e dele obter proteção para o direito que julgue ter sido violado ou ameaçado de violação".

O interesse processual nasce com a lesão, ou a ameaça de lesão ao direito. Entretanto, diz o Código que o interesse do autor pode limitar-se à declaração da existência ou da inexistência da relação jurídica, bem como da autenticidade ou falsidade de documento (CPC, art. 4º). Portanto, o interesse de agir pode existir sem que tenha havido lesão, ou ameaça de lesão ao direito material sobre o qual se pede a declaração.

O Estado passa a ser réu.

A ação declaratória tem por finalidade a proteção do direito à certeza jurídica. Legitima-se quem está vulnerável à agressão jurídica, que, no caso, opera-se pela perda de sua dignidade pessoal e social, ante a estigmatização processual.

Ovídio Batista (1997) esclarece de forma bastante clara a utilidade da ação declaratória: "Aqui a tutela jurisdicional se esgota com a simples emissão da sentença e com a correspondente produção da coisa julgada. O bem da vida, neste caso, na terminologia chiovendiana, é justamente, e apenas, a obtenção de uma sentença com força de coisa julgada que torne absolutamente indiscutível, num eventual processo futuro, a existência, ou a inexistência, daquela relação jurídica que o Juiz declarou existir ou não existir".

Na hipótese do estudo o denunciado dispõe de meios probatórios elucidativos das circunstâncias fáticas do crime a ele imputado, a demonstrar que o autor do fato foi outrem, não ele. Não se trata de acusar terceiro e vê-lo declarado culpado, conduta incompatível com os princípios processuais que orientam o processo penal (até mesmo que o exemplo poderia ser outro, como a comprovação de ater agido em legítima defesa). Trata-se de ver declarada a inocência que não pode ocorrer pela via procedimental do júri, uma vez trânsita em julgado a sentença de impronúncia.

Pontes de Miranda (1971) esclarece: "Há ação declarativa para declarar-se, positiva ou negativamente, a existência da relação jurídica, quer de direito privado, quer de direito público, quer de direito de propriedade, quer de direito de personalidade, quer de direito de família, das coisas, das obrigações ou das sucessões, civis ou comerciais".

Veja-se que a ação declaratória já foi utilizada com êxito para ver declarada a nulidade de processo corrido à revelia do réu ou para declaração do estado de solteiro (RT 629/206 e RT 474/79).

Com mais razão é de ser aproveitada, analogicamente, para o efeito de ver declarada a inocência do réu que, após a sentença de impronúncia, comprova a injustiça da imputação.

5.5. Conclusão

Constituição da República Federativa do Brasil, que nos garante um Estado Democrático de Direito, dentre outros, com fundamento na cidadania e na dignidade da pessoa humana, visando a construir uma sociedade livre, justa e solidária, com erradicação da pobreza e da marginalização, para reduzir as desigualdades, na promoção do bem de todos, sem preconceitos de origem, raça, sexo, cor, idade e quaisquer outras formas de discriminação, assegura, também, aos brasileiros e aos estrangeiros, residentes no País, a inviolabilidade do direito à vida, à liberdade, à igualdade, à segurança e à propriedade, estabelecendo que a ordem econômica, fundada na valorização do trabalho humano e na livre iniciativa, tem por fim garantir a todos uma existência digna, conforme os ditames da justiça social (CF, arts. 1°, II a IV; 3°, 1, III e IV; 5°, *caput*; 170, *caput* e incisos III, VII e VIII).

A sociedade brasileira, mal orientada por segmentos da mídia, pelo desprezo com que se tratam os processados criminalmente em geral, tem a lamentável vocação para estigmatizá-los como se restassem subseres sociais, levando-os à depreciação individual, familiar e em sua imagem pública, com o que se vêem ofendidos em sua dignidade.

Plauto Faraco de Azevedo (1999) lembra que "a complexidade do trabalho de interpretação e aplicação do direito deriva precisamente da universalidade da norma (abstrata) e da infinita variedade dos fatos (concretos) da vida. É a razão por que os logicismos jamais poderão legitimamente impor seu domínio sobre o direito. Com efeito, é de absoluta falta de razoabilidade a tentativa de reduzir a aplicação do direito a uma operação de lógica formal que se pudesse esgotar em uma construção silogística".

Mais adiante disserta: "É necessário rejeitar e afastar os pressupostos positivistas do raciocínio jurídico, uma vez que levam ao empobrecimento da função judicante, negando implicitamente a interpretação criadora do Direito, que a vida impõe e reclama, sendo, por isto mesmo, contrariados pela prática quotidiana do Poder judiciário".

Esta é, basicamente, a proposta deste estudo.

Ao vessar-se tão inóspita área com solução tão legítima quanto singela, qual seja, a da aplicação analógica de remédio jurídico em outro ramo processual, que encontra a resposta adequada para restabelecer o equilíbrio entre o Estado acusador, e o indivíduo inocente, cujos direitos e liberdades assegurados consagre a idéia da verdadeira sociedade igualitária, solidária e justa.

6. Plenário: teatralização e linguagem

6.1. Perspectivas

Os debates no plenário do Tribunal do Júri provocam as mais contraditórias paixões, tantos dos críticos quanto dos defensores da instituição. Na dialética desse momento, o debatedor vale-se de dois recursos que, mesmo separáveis, no mais das vezes são apresentadas simultaneamente:

a) O discurso como manifestação oral, persuasiva, ou seja, a utilização da retórica, da "conversa amiga", "macia", ou da contundência ordinatória, do apelo emocional, etc.

b) A interpretação teatral, cênica, mímica, gesticular, irreverente.

A importância deste desempenho está na tentativa de alcançar os limites da verdade possível da contingência fática, a ser extraída dos elementos autuados ou – no plano sociológico, filosófico, antropológico e psicológico – de elementos não necessariamente contidos no processo.

É a interpretação oral ou corporal de tudo que pudesse ter animado o fato na sua versão do debatedor e tem a finalidade maior de ampliar, no imaginário do julgador do fato, os detalhes da hipótese sustentada.

Não procede a crítica ao emprego de recursos como o da teatralização e do emprego da linguagem que, pretenda o operador, sejam necessárias para convencer o destinatário de sua performance. Surpreende, todavia, porque o emprego de tais medidas ocorre apenas em julgamento pelo Tribunal do Júri, e não perante os juízes profissionais, ainda que atuando em julgamento coletivo (com raríssimas e exóticas exceções). É que, quando dirigido aos magistrados os argumentos persuasivos, o cuidado é tão importante com a prova quanto com o direito. O encapado conhecimento jurídico é refratário aos recursos referidos, mas que, como se pretende demonstrar, surte efeito na comunicação com os leigos, vez que é a única via para tal fim.

6.2. Teatralização

Por pertinente ao tema, é de lembrar que filósofos gregos identificaram como necessária a submissão da sociedade – e da consciência – à razão, com a finalidade de estabelecer a ordem e a autodisciplina.

Entronizando a racionalidade como a mais significativa faculdade humana, para explicar o comportamento "anormal" ou anti-social, a filosofia helênica desenvolveu duas tradições: uma, situada no discurso e no drama, na arte teatral, especificamente na tragédia.

Os grandes eventos, perturbadores das relações intersubjetivas e influentes para tornar insuportável a vida em comum, foram transformados em tema teatral.Assim era o trauma da vontade individual submissa à relação social. Era o conflito do amor e do ódio; da vingança e do perdão; da corrupção e do dever; do indivíduo, família e Estado; outra, a transformação de tais conflitos em objetos conscientes de reflexão e de responsabilidade e culpa.

Assim, que, exemplificando com Édipo na obra de Sófocles, a representação pública do drama podia ser uma catarse coletiva, representar o inexplicável, expor a conduta anormal publicamente e revolver os sentimentos ocultos. A interpretação da tragédia autorizava era a reflexão sobre a conduta irracional, dando aos personagens a oportunidade de eximir-se, ainda que parcialmente, de sua responsabilidade. Passavam a autodevorar-se em sua vergonha e dor. E a sociedade, então, se não perdoava ou condenava, pois não era convocada para julgar, ao menos podia entender o ato daquele ser atormentado.

Era a representação com seu poder informativo e, muito mais, sua força persuasiva.

Existe melhor maneira de alcançar a sensibilidade do jurado?

Os réus no Júri compõe uma minoria sem representatividade moral ou ética eficaz para informar seus pares, se é que pode ser considerada a paridade quando alguém está envolvido em um crime doloso contra a vida. Mas é de se lhes permitir comunicar suas histórias, as quais têm seu próprio sentido. E, para convencer, por meio de seu defensor, têm que se valer do mesmo universo de linguagem, metáfora, imagem de que se valiam os antigos helênicos, com a necessária adaptação à realidade contemporânea e situação nada heróica dos homicidas.

E não é diferente para o acusador.

Respeitados os limites éticos, se reportar à situação que possa ser vivenciado por qualquer dos integrantes do Conselho de Sentença, este tipo de interpretação é recurso de extrema validade.

O importante é identificar no ato violento contra a vida a censura ou aprovação do jurado, com a mais ampla visão fática. É de repelir-se, portanto, a afirmação de que o debate é mero "teatro", na conotação pejorativa que lhe emprestam os inimigos da instituição. É tão coerente o discurso e o comportamento em plenário quanto é peculiar e difícil interpretar o fato examinando, porque, distantes do ambiente enfrentado pelo julgando, ou quer sua segregação se desaprovada a conduta; ou o restabelecimento de seu *status dignitatis* certamente comprometido enquanto réu, se aprovada a ação como necessária nas circunstâncias de sua ocorrência. Os jurados, com ouvidos e olhos afinados e aguçados para formar o "convencimento íntimo", devem ter a mais completa informação ou interpretação da situação fática a partir da forja estabelecida pelos debates orais.

Mesmo que o objetivo seja o de ofender dos agentes de plenário do Tribunal do Júri, a comparação com o teatro feita pelos seus detratores não é infeliz e merece ser repensada.

O objetivo do debatedor (acusador ou defensor) é fazer com que o jurado se reporte à situação fática que resultou no cometimento da violência, ou melhor, induzir o jurado a projetar-se mentalmente a uma situação análoga que possa, nesse deslocamento abstrato, testemunhar o acontecimento ou avaliar a conduta do agente com qual tomaria nas mesmas circunstâncias.

A teatralização, pois, não é de ser desprezada durante o embate.

Bertolt Brecht (1967, p. 59), fazendo comparação entre o o teatro dramático e o épico, cita suas diferenças.

Pretende-se neste texto que é possível identificar a similitude do comportamento do *espectador* do teatro com o *jurado*, visto que ambos são destinatários das mensagens dos intérpretes (da peça e do debate). Assim, impressiona como se amolda a atividade, em seu cunho teleológico, do ator com o debatedor e do espectador com o juiz leigo.

Senão, vejamos:

TEATRO DRAMÁTICO	TEATRO ÉPICO
É ação	É narração
Faz participar o espectador-jurado* na ação	Faz do espectador-jurado um observador
Consome-lhe a atividade (do espectador-jurado)	Desperta-lhe a consciência crítica (do espectador-jurado)
Desperta-lhe sentimento (do espectador-jurado)	Exige-lhe decisões (do espectador-jurado)
O espectador-jurado é jogado dentro de alguma coisa	O espectador-jurado é colocado diante de alguma coisa
Sugestão (para o espectador-jurado)	Argumento (para o espectador-jurado)
Os sentimentos são conservados tais como são	Os sentimentos são elevados a uma tomada de consciência
O espectador-jurado está no interior da ação, participa	O espectador-jurado está de frente, analisa
Supõe-se que o homem é algo conhecido	O homem é objeto de uma análise
O homem imutável	O homem se transforma e pode transformar
Interesse apaixonado pelo enlace (do espectador-jurado)	Interesse apaixonado pelo desenvolvimento da ação (do espectador-jurado)
Uma cena em função da outra	Cada cena para si
Progressão	Construção articulada
Desenvolvimento linear	Desenvolvimento retilíneo
Evolução contínua	Saltos
O homem como um dado fixo	O homem como uma realidade em processo

O pensamento determina o ser	O ser social determina o pensamento
Sentimento	Razão

* O termo "jurado" não consta do texto de Brecht e foi introduzida para facilitar a comparação.

O grande teatrólogo obtempera que "este esquema não apresenta oposição absoluta, mas simplesmente variações de matiz. Assim, dentro de uma representação destinada a informar o público (jurado, acresço), podemos fazer apelo tanto à sugestão afetiva quanto à persuasão puramente racional". (Brecht, 1967, p. 59)

Na esteira desse comparativo, em favor da completitude da tese, impressiona uma vez mais outro cotejo efetuado por Brecht, a forma dinâmica da ação teatral, resultando na mesma conclusão (atores – debatedores; espectadores – jurados), isto é, a interpretação no palco ou no plenário serve para informar, sensibilizar, emocionar e envolver tanto o espectador no teatro como o jurado no Tribunal do Júri, "(...) e a tragédia libera por certo no espectador paixões às quais o cidadão digno desse nome não poderia abandonar-se; mas ela os libera, por assim dizer, sob controle, autorizando a qualquer um imergir no humano apenas pelo instante limitado de uma parêntese institucional: Foi assim, e tão somente assim que os atenienses puderam, nas Dionísias da 472 antes de nossa era, comover-se com a miséria dos persas" (Loraux, 1997, p. 29).

Observe-se:

FORMA DRAMÁTICA	FORMA ÉPICA
O palco encarna um fato	O palco narra um fato
Envolve o espectador-jurado em uma ação	Transforma o espectador em observador do fato
Consome sua atividade	Desperta sua atividade
Proporciona-lhe sentimentos	Obriga-o a tomar decisões
Comunica-lhe vivências	Comunica-lhe conhecimentos
O espectador-jurado é envolvido numa ação	Ele é colocado em face a essa ação
Utiliza-se a sugestão	Utilizam-se argumentos
As sensações são conservadas	São levadas até o reconhecimento
O homem é dado como conhecido	O homem é objeto de pesquisa
O homem imutável	O homem mutável e em transformação
Seus impulsos	Seus motivos
O homem imutavelmente	Segundo curvas irregulares
natura non facit	facit saltus

Ensina:

"O espectador (jurado) do teatro dramático (no júri) diz: Sim, eu também senti isso. – É assim que eu sou. – Sempre será assim. – O sofrimento desta pessoa me compunge porque não há saída para ela. – Isto é a verdadeira arte: tudo é evidente por si mesmo. – Eu choro com aqueles que estão chorando e rio com aqueles que estão rindo. O espectador (jurado) do teatro épico (no júri) diz: Eu não teria pensado nisso. – Não se deve agir assim. – Isto é verdadeiramente extraordinário, é quase incrível. – Isto não pode continuar. – O sofrimento desta pessoa me compunge porque sem dúvida haveria uma saída para ela. – Isto é a verdadeira arte: nada aí é evidente por si mesmo. – Eu rio dos que estão chorando e choro dos que estão rindo".[26]

Assim, o desempenho de plenário envolve o teatro como interpretação informativa, persuasiva, indutora, perfeitamente adequada e necessária ao Tribunal do Júri.

6.3. Linguagem

Sílvia Tatiana Maurer Lane (1992, 32), em texto com o sugestivo título *Linguagem, Pensamento e Representações Sociais*, aduz que "Skinner inicia o seu Verbal Behavior com a seguinte frase: 'Os homens agem sobre o mundo e o transformam, e são, por sua vez, transformados pelas conseqüências de suas ações'". E mais adiante define comportamento verbal como todo aquele "(...) mediado por outra pessoa, e assim inclui, no verbal, gestos, sinais, ritos e, obviamente, a linguagem. Assim, podemos dizer que o homem ao falar transforma o outro e, por sua vez, é transformado pelas conseqüências de sua fala".

Em verdade, o grande pedagogo citado no excerto refere que a informação verbalizada afeta o ânimo do interlocutor a ponto de convencê-lo a mudar anterior convencimento. É a comunicação com a indispensável informação.

É verdade que o orador se empenha em persuadir de que está certo e de que sua tese deve ser vencedora, usando linguagem in-

---
[26] As expressões não-negritadas não integram o texto de Brecht, e foram inseridas para favorecer o entendimento da tese.

telegível para que, efetivamente, a "transformação" do jurado seja "conseqüência de sua fala".

Vale alertar que a destinação da informação, com o objetivo de persuasão do jurado, com os recursos da linguagem, merece cautela, para que, mesmo com endereçamento certo, não resulte numa interpretação equivocada e, assim, prejudicial ao desempenho da acusação ou da defesa.

É de aproveitar-se o entendimento de Luis Roberto Salinas Fortes (1976, p. 54), ao sustentar que "menos exata do que a língua do gesto, a fala constitui, entretanto, um meio de ação sobre outrem muito eficaz. Agindo por meio de impressões que se sucedem no tempo, a fala provoca uma emoção muito mais viva do que a presença mesma do objeto, apreendida por um simples 'golpe de vista'. Podemos então concluir que os signos visíveis tornam a imitação mais exata, mas que o interesse se excita melhor pelos sons".

O orador deve avaliar as condições pessoais do jurado, sua origem, sua formação, sua profissão para emprego da linguagem adequada. Ora, diante do número concorrente de personalidades compositoras do Conselho de Sentença, este cuidado deverá ser muito mais acentuado, quanto seja a diversificação pessoal dos mesmos, árdua tarefa que, todavia, incumbe aos dois pólos da relação dialética.

6.4. Ética

Com mais razão deve o juiz, na tutela dos princípios fundamentais insculpidos na Constituição, especialmente o da *plena defesa*, manter-se alerta para que o julgamento seja justo, como resultado dos debates. Ele é o fiscal da ética, em que pese a expressão jurídica de sua atuação, como é, por outro lado, atestador do pleno da liberdade de acusação e pleno exercício defensivo.

O tema envolve interesse público e a autoridade do magistrado, inclusive para dissolver o Conselho de Sentença, promana, além do estritamente jurídico, também do ético. Aliás, no entendimento de Brugger a "ordem social enquanto tal é ordem jurídica (direito); donde as normas essenciais da ética social são normas jurídicas, e seus deveres essenciais, deveres jurídicos; intervêm aqui todas as espécies de justiça, exceptuando só a justiça comutativa que pertence exclusivamente à ética individual". Mais adiante, o filósofo sustenta, referindo-se à outras possíveis distinções de "ética" (por exemplo, a política) que "a ética profissional (referente a advogados, médicos, etc), como a ética econômica compreendem normas, tanto de ética individual, escolhidas e adaptadas ao caso particular, quanto de ética social, pois ambas de tal maneira se interpenetram na vida, que sua separação sistemática é irrealizável". (Brugger, 1987, p. 172)

Neste tanto, seus cuidados devem ser de tamanho porte que a teatralização não decaia ao nível da pantomima, nem a linguagem seja deficiente ou vulgar a ponto de prejudicar a substância do bom senso.

Nas duas hipóteses, conjugadas, prevalecendo a ética, manter-se-á a dignidade do Tribunal do Júri, o respeito aos cidadãos-jurados e a justiça ao réu.

Ganha, pois, a sociedade.

7. Júri: a participação "de qualquer modo"

7.1. Introdução

Há muito tempo juízes, a jurisprudência em geral e mais timidamente a doutrina têm consagrado uma das mais graves injustiças contra acusados que, em concurso tenham cometido crime doloso contra a vida e, por isto, são julgadas pelo Tribunal do Júri, admitindo como pacífica a interpretação do art. 29 do Código Penal, de maneira direta, literal, despojada de argumentos jurídicos e sem sensibilidade social.

Assim que vários denunciados da prática de homicídio, etc., podem ser condenados porque teriam participado *de qualquer modo* do ato, conforme infeliz redação do quesito pertinente (... concorreu de qualquer modo para resultado?). Só que, excluída a atuação descrita na ou nas peças acusatórias (denúncia e eventual aditamento), "kafkianamente" jamais saberão de que "modo" participaram, ou melhor, porque "modo" de atuação criminosa foram condenados.

Acontece que o dispositivo examinado sustentando que "quem de qualquer modo, concorre para o crime incide nas penas a este cominadas, na medida de sua culpabilidade" não autoriza tal conclusão.

Vejamos as situações decorrentes do cotejo da exegese tradicional com algumas reflexões em torno do tema:

7.2. Denúncia e a descrição do fato criminoso

O direito nacional não admite que qualquer pessoa seja denunciado sem que esteja descrita, na peça incoativa, o fato típico e a maneira de sua realização pelo acusado. Assim:

"Art. 41 – A denúncia ou queixa conterá a exposição do fato criminoso, com todas as suas circunstâncias, a qualificação do acusado ou esclarecimentos pelos quais se possa identificá-lo, a classificação do crime e, quando necessário, o rol das testemunhas. (CPP)."

Certamente que o intérprete entende assim ao tratar do tema, eis que facilmente identificável na jurisprudência julgados a respeito nos Tribunais estaduais e nos superiores. Exemplos:

"(...) É inepta a denúncia que não completa a descrição do tipo penal. Decretaram sua nulidade. Declararam extinta a punibilidade pela prescrição." (Apelação Criminal 293139747, Primeira Câmara Criminal do TARGS, Rel. Dr. Saulo Brum Leal, 21.09.94).

"(...) A denúncia, pelas conseqüências graves que acarreta, não pode ser produto de ficção literária. Não pode, portanto, deixar de descrever o porquê da inclusão de cada acusado como autor, co-autor ou partícipe do crime. Recurso de *habeas corpus* conhecido e provido para deferir a ordem e trancar a ação penal." (Habeas Corpus nº 4.2141DF, Rel. Min. Assis Toledo, STJ, DJU 27.03.95, p. 7174/5).

"(...) Inepta é a denúncia que não expõe o fato tido como criminoso, em todas as suas circunstâncias, apresentando-se de forma sumária, em caráter genérico, e em desacordo com o art. 41 do Código de Processo Penal. Em se tratando de autoria coletiva, é indispensável que descreva, ainda que resumidamente, a conduta delituosa de cada participante, de modo a possibilitar o exercício do contraditório e da ampla defesa." (A.P. nº 584DF, Rel. Min. Adhemar Maciel, DJU 06.03.95, p. 4.275).

Assim, mesmo que o *parquet* pretenda que seja aplicada a fórmula legal, deve ele descrever o "modo" da participação, seja ele qual for. Não pode ser diferente, pois, para o julgamento e, adverte-se, pode o denunciado ser condenado por qualquer modo de conduta, desde que seja ele – o modo de concorrer para o crime – descrito na peça incoativa. É a observância do princípio da correlação, derivativo mais significativo do preceito constitucional da ampla defesa. É da imputação fática que o acusado se defende. No processo penal brasileiro vige o *jura novit curia*, ou seja, o princípio da livre dicção do direito, a compreender que o magistrado conhece o direito, com a aplicação, por sua vez, do axioma *narra mihi factum dabo tibi jus*. Aplica-se-lhe no processo para explicar que o acusado não se defende da capitulação dada ao crime na denúncia, mas, sim, defende-se dos fatos narrados na peça acusatória.

No sentido do texto, e com a oxigenação intelectual do Tribunal por mais atentos ao novo momento constitucional, a justiça gaúcha decidiu em feito relatado pelo eminente Des. Ivan Leomar Bruxel, que "identificando a denúncia a forma de participação do acusado, o quesito deve ser formulado nos termos da imputação. Quesito genérico, depois da resposta negativa ao quesito específico, ofende o devido processo legal. Recurso provido. Julgamento anulado. Unânime". (Apel. Crim. n° 70006640973, Câmara Especial Criminal. TJ-RS).

Admissível que o Ministério Público se equivoque na capitulação legal da conduta descrita ou, ao longo da instrução, seja identificada outra, pela prova de uma circunstância elementar do tipo, não contemplada explícita ou implicitamente na inaugural. Em circunstâncias que tais decorrem duas possibilidades: estando o fato descrito corretamente, com capitulação jurídica equivocada, o magistrado aplicará a autorização legal do art. 383 do Código de Processo Penal (*emendatio libelli*); surgindo nova situação fática que encaminhe à inovação acusatória, o julgador tratará de possibilitar à defesa sua reação ou ao agente ministerial o aditamento da peça acusatória conforme determina o art. 384, e seu parágrafo único, do diploma adjetivo (*mutatio libelli*).

É o que ensinam os precedentes jurisprudenciais, como pode ilustrar a seguinte ementa:

> "Tratando-se de co-autoria em que consiste a real participação de cada réu, porque, para que o partícipe responda penalmente, não basta a simples cooperação da atividade coletiva, mas a vontade livre e consciente de concorrer com a própria ação de outrem. A ausências desses elementos – clareza e detalhes – acarreta a inépcia da denúncia porque contraria o princípio da ampla defesa (RT 419/314)".

O Código Penal, por sua vez, aproximou-se, é verdade, da teoria do domínio do fato de Welzel (de inspiração finalista). Todavia, o conceito de natureza jurídica não libera o julgador da investigação da conduta, do fato e de suas circunstâncias, não interessando o modo dela, desde que descritível, e que tenha contribuído para o evento criminoso.

Daí por que entender que esta contribuição deve ser esclarecida, eis que sua punição será feita na *medida de sua culpabilidade* (art. 29, *caput, in fine*, CP).

Renê Ariel Dotti (1992, p. 11) obtempera que a culpabilidade deve atuar como fundamento e limite da pena. A resposta penal deve manter correspondência proporcional à culpa. A exigência confirma o dogma da culpabilidade extraído do conjunto normativo do sistema e de regra expressa. Como solucionar a questão da "medida" da culpabilidade se desconhecida é a conduta?

Especificamente em torno do Tribunal do Júri, a ilustrar o raciocínio até aqui desenvolvido, impressiona, especialmente pela inserção de insuperável lição de Rui Barbosa, a seguinte ementa:

"Júri. Coerência necessária entre a versão do fato da denúncia com a pronúncia, que a tenha acolhido, à qual, de sua vez, devem conformar-se o libelo e o *questionário*. 'Se o libelo não pode contrariar a pronúncia nem o questionário divergir do libelo, óbvio é que a pronúncia constitui o padrão regulador, cuja autoridade se estende, plena e inalterável, até o julgamento' (Rui Barbosa): portanto há nulidade absoluta se a denúncia não aditada e a pronúncia, que a acolheu, imputaram aos dois co-réus participação indeterminada na prática de homicídio, que afirmam resultante de um único disparo de arma de fogo ao passo que o libelo, ao qual se conformou o questionário, atribui a um deles a cooperação no fato por haver desferido disparos de arma de fogo contra a vítima." (HC 69866-1, 1ª Turma, rel. Min. Sepúlveda Pertence, j. 6.4.93, v.u. DJU 3.9.93, p. 17743).

Importa registrar que é desconhecido ter um magistrado, ao encerrar a *judicium accusationis*, na verificação das condições do art. 408 do CPP, decidido por pronunciar alguém sem a descrição da conduta. Isto é, ao afirmar que se convenceu da existência do crime e de indícios de que o réu seja o seu autor, pronunciá-lo-á, dando os motivos do seu convencimento, o que traduz regra incompatível – se não pelas razões constitucionais enfrentadas no texto – com a quesitação sobre participação genérica ("de qualquer modo").

Com a obrigação de motivar sua decisão, não poderá omitir a conduta que entende contributiva para o evento criminoso, sendo inaceitável que sustente sua pronunciação na circunstância de ter o agente concorrido de qualquer modo para o resultado delituoso. Com a suposta permissão legal (art. 29, CP), estaria ferindo o princípio reconhecido no art. 93, IX, da Constituição Federal (*todos os julgamentos dos órgãos do Poder Judiciário serão públicos, e fundamentadas todas as decisões, sob pena de nulidade...*).

Ora, dentro do encadeamento imposto pela lei entre a pronúncia, o libelo e o questionário, evidentemente que, esclarecida a conduta do agente como definidora de sua participação na sentença de pronúncia (sob pena de nulidade), não há como ampliar a pretensão acusatória e – mais gravemente – a conclusão condenatória, para acrescentar entre os quesitos conduta não descrita ou indescritível do acusado.

7.3. Restrições à plena defesa e contraditório

As razões anteriormente expostas afluem para o único estuário jurídico que, por sua relevância no meio sociojurídico é importante: o princípio da ampla defesa.

A Carta Constitucional impõe que "aos litigantes, em processo judicial ou administrativo, e aos acusados em geral são assegurados o contraditório e ampla defesa, com os meios e recursos a ela inerentes". (art. 5°, LV).

A respeito, dissertou Celso Ribeiro Bastos (1989, 2/266):

"É por isto que a defesa ganha um caráter necessariamente contraditório. É pela afirmação ou negação sucessivas que a verdade irá exsurgindo nos autos. Nada poderá ter valor inquestionável ou irrebatível. A tudo terá de ser assegurado o direito do réu de contraditar, contradizer, contraproduzir e até mesmo de contraagir processualmente".

Indaga-se, pois, diante de tais lições, como é possível demonstrar a licitude do agir, ou de defensivamente reagir – que tornaria legítima e excluída de criminalidade ou culpabilidade em sua ação ou reação – o condenado pela imputação genérica de que participou de "qualquer modo" do fato delituoso, sem saber que ou qual?

Como recorrer?

Que autoridade – legal ou moral – tem a segunda instância para determinar se a decisão do Tribunal Popular foi manifestamente contrária à prova dos autos (ou não)?

A decisão, não se perca de vista, é tomada por convicção íntima. Os quesitos, todavia, têm a eficácia de esclarecer ao réu e à sociedade a censura de sua conduta com rejeição de suas teses.

Da essência da ampla defesa é o contraditório, via única para realização de julgamento justo:

"O contraditório, por sua vez, se insere dentro da ampla defesa. Quase que com ela se confunde integralmente na medida na medida em que uma defesa hoje em não pode ser senão contraditória. O contraditório é, pois, a exteriorização da ampla defesa. A todo o ato produzido caberá igual direito da outra parte de opor-lhe ou de dar-lhe versão que lhe convenha, ou ainda de fornecer uma interpretação jurídica diversa daquela feita pelo autor" (Bastos, 1989, 2/267)

Assim, com a quesitação formulada genericamente, viola-se frontalmente o princípio da ampla defesa e do contraditório.

Importa consignar, ao mais, que aos acusados de crimes dolosos contra a vida, mais que o princípio da ampla defesa, é assegurada, nos termos do art. 5º, XXXVIII, letra *a*, a plenitude de defesa. Significa dizer que não basta assegurar o exercício defensivo: o acusado tem que ter defesa plena, efetiva, que, certamente, não se compadece com a fórmula tradicional da quesitação debatida.

7.4. *Nullum crimen, nulla poena sine praevia lege poenali*

Outro princípio de direito acatado tradicionalmente pelo sistema jurídico nacional (e do mundo), é o da reserva legal. Em direito penal, dentro da orientação imposta pelo preceito tipológico, para segurança do cidadão, convive-se com o respeito ao axioma do *nullum crimen, nulla poena sine lege*.

O jurista Luiz Luisi (1987, p. 35) aduz que "o crime é fundamentalmente e necessariamente um ilícito típico e culpável. A tipicidade decorre do apotegma da reserva legal. E faz do direito penal não apenas o direito destinado a punição dos criminosos mas o instrumento da garantia do cidadão contra o arbítrio, principalmente o judicial. A culpabilidade não admite restrições. O agente se é punível se existente a mesma e nos seus limites. A admissão da responsabilidade objetiva é impensável, e foi banida do direito penal positivo brasileiro. Poder-se-á dizer, portanto, que no direito brasileiro não há crime sem prévia previsão legal e sem culpabilidade. *Nullum crime sine lege e sine culpa*".

O jurado, juiz do fato, salvo raras exceções, não é conhecedor do direito com detalhes técnicos importantes. Por isto mesmo que a elaboração dos quesitos e, ainda, pela especificidade do questionário, dará, de maneira inteligível, condições para ele apreender o sentido de sua resposta.

De ter-se presente que as "as várias condutas devem constituir procedimentos de contribuição ao delito ou antecedentes causais necessários à sua produção. É preciso que a conduta seja relevante para o direito penal. Significa que nem todo o comportamento constitui participação, pois precisa ser eficaz, no sentido de haver provocado ou facilitado a conduta principal ou a eclosão do resultado" (Jesus, 1991).

Significa dizer que poderá – o Conselho de Sentença – condenar alguém por um comportamento censurável mas não necessariamente criminoso. A indagação como exposta (... *concorreu de qualquer modo* ...?), pode projetar o jurado muito além do fato julgando (e incriminado), induzindo-o à condenação por fato atípico, esteja ou não convencido da contribuição para o evento delituoso.

A questão preocupou o Ministro Cernicchiaro do e. STJ, pois dissertou que em Direito Penal não há neutralidade. "A conduta é lícita ou ilícita. Como um todo, a lei penal descreve comportamentos proibidos (norma proibitiva) ou comportamento permitidos norma permissiva). *Tertium non datur* (...)". O eminente julgador ensina, e esta é a preocupação maior no julgamento pelo Tribunal do Júri: "Há condutas que se ajustam, formalmente a um tipo penal, entretanto, analisada no complexo do Direito, observa-se, a adequação é apenas aparente" (1990, p. 148).

Não se diga que a doutrina encaminha ou adota a solução ora criticada, pois até mesmo Hermínio Alberto Marques Porto (1996,

p. 198), um dos mais respeitados e acatados estudiosos da instituição, não aceita a tese como estabelecida na jurisprudência nacional. O mestre ensina a respeito do tema:

> "Assim, a indagação da co-autoria deve ficar contida em único quesito, com a adoção, se complexa a colaboração, da fórmula genérica da lei penal ('de qualquer modo' – art. 29, do CP), ou de referência à conduta colaboradora se de fácil descrição, não sendo permitida a apresentação da indagação em dois quesitos, um com a fórmula genérica da lei penal e outro com a descrição da conduta colaboradora, pois tal sistema, pela repetição da mesma circunstância, importa em gravame à defesa e em violação à ordenação do questionário que deve ser equilibrada e racional (...)."

Não esqueçamos que, se tal ocorrer em julgamento pelo Tribunal popular, a responsabilidade é do autor do quesito – o juiz –, pois ao jurado não resta outra alternativa que não respondê-lo nos extremos monossilábicos do "sim" ou do "não". Muitas vezes perplexos diante da inexpressibilidade da indagação.

Carlos Roberto Lofego Canibal (1999, p. 317) preocupa-se de maneira abrangente com o tema:

> "Em suma, a continuidade do elaborar quesito genérico (participar 'de qualquer modo') leva aos jurados a possibilidade, por responderem por íntima convicção, até a reconhecerem uma forma de participação que sequer tenha relevância penal, respondendo o acusado por uma eventual conduta que não importe ao direito penal. Assim, um simples espectador ou uma testemunha do crime, como exemplificado acima, pode vir a ser denunciada, pronunciada e condenada com base em quesito que tal. E sem que tenha elementos para se defender por não lhe proporcionar defesa quesito que tal."

É um risco que a sociedade não pode correr.

É certo, por outro lado, que, jamais um juiz de direito condenou ou condenará alguém por ter participado de qualquer modo de um fato criminoso. Nem poderia, diante da obrigação constitucional de fundamentar sua decisão.

Desafia-se quem prove o contrário.

Mas a norma do art. 29 do Código Penal não se dirige apenas ao Tribunal do Júri – não há qualquer exceção legal – o que faz desfalecer o argumento de que, não motivando o jurado a decisão, não haveria necessidade de especificar a participação. Mas como deixar de entender que os quesitos – cuja linguagem da lei na construção típica acomoda-se na descrição do fato – têm a finalidade de suprir a exposição das causas de decidir, outorgando, assim, a melhor e mais completa perspectiva defensiva, mormente quando o veredicto é condenatório? A resposta à indagação do quesito expõe claramente a causa da condenação e, assim, não só tem ciência o condenado da conduta censurada pela sociedade, como, por isto mesmo, poderá orientar eventual inconformidade recursal.

Impressiona, ao mais, que das decisões do Tribunal do Júri, além das nulidades derivadas de *error in procedendo*, mesmo violando a soberania dos veredictos, o acusado só pode alegar perante a instância superior que a *decisão foi manifestamente contrária à prova dos autos* (art. 593, III, *d*, CPP). Assim, não podendo lhe ser recusada a apelação nestes termos – mesmo que tenha sido condenado porque *de qualquer modo* colaborou para o evento criminoso, sem poder descrever a conduta – à instância superior incumbiria ou desconhecer o recurso ou, arbitrariamente, atestar ou não a razão e a procedência da pretensão recursal.

Não é possível que se imponha ao jurado decisão que tanto avilta consciência e ofende ao direito.

7.5. Julgando além do direito

O eminente desembargador gaúcho, Carlos Rafael dos Santos Junior (1993, p. 184), em artigo de repercussão, tratando com percuciência e amplitude do tema, lembra que a doutrina nacional soma-se para afastar a interpretação tradicional da quesitação em estudo. O magistrado, preocupado com a possibilidade de os jurados decidirem sobre matéria não denunciada, aduz: "A resposta a que se chega, sem necessidade de exercício dialético maior, é negativa, e, sendo assim, não há mais como sustentar-se a quesitação, no Júri Popular, das chamadas co-autoria ou participação genérica" (fl. 69).

E não se proclame a possibilidade de o jurado julgar além do direito ou realidade fática exposta, por razões não apreendidas na denúncia, pronúncia, libelo, mas colocadas como possíveis na proposição do quesito em comento (participação genérica), pela singela razão de não motivar a sua decisão. Segundo alguns, estaria autorizado a alcançar formas de condutas não descritas nos autos, desde que convencido da responsabilidade do agente no fato. Afora o risco já referido de condenação de fato atípico, por si só suficiente para fazer desfalecer a tese, o direito é o sustentário de qualquer decisão.

Por isto mesmo que se preocupou René Ariel Dotti (IBCCRIM, 37/6) que, criticando a proposta de alteração do sistema de quesitação atual pelo projeto de reforma do Código de Processo Penal, declarou: "Todavia, como está proposto, ensejar-se-á em definitivo o afastamento do direito do palco do Júri, pela possibilidade de defesas fundadas em puras razões emocionais ou sentimentais. Sem o compromisso de assentar-se a defesa em tese jurídica, os Tribunais do Júri serão cenários de puro e simples teatro, o que recomendaria a promotores e advogados, ao invés do conhecimento técnico o domínio das artes cênicas". Mais adiante, enfatiza que "a absolvição deve resultar do reconhecimento de uma causa de exclusão de crime ou de isenção de pena, a ser registrada na decisão".

Ora, se para a defesa é exigível – mesmo em seu conceito constitucional – a vinculação a uma tese jurídica, e por isto mesmo adapta-se a fórmula do questionário às circunstâncias legais de absolvição (v.g. legítima defesa) ou de desclassificação (v.g. negativa de dolo), adotando as circunstâncias fáticas pelo molde jurídico, com mais razão e rigor deve ser assim para a condenação.

Não existe nenhum quesito absolutório que não esteja interpretando uma causa legal de exclusão da criminalidade ou culpabilidade.

Mesmo que não pretenda reduzir a tese ao confronto axiológico, é de ver que o *status libertatis* é bem jurídico próprio da dignidade humana, de direito natural, enquanto que a pretensão condenatória é a manifestação da censura social e oficial. Por isto que o sacrifício daquele, em nome da harmonia do grupo humano, deve ser cercado das mais significativas razões morais, mas sempre e sempre dentro do direito. Este é, afinal, a ciência que trata das relações humanas e suas circunstâncias. É a sistematização da vontade das pessoas, mesmo que as submeta contra sua vontade, acolhida ao longo do estudo da vontade do homem e sua convivência harmoniosa, que se expressa, especialmente, através das leis.

7.6. Esquecendo a Constituição

A verdade é que nos apegamos demais aos Códigos e esquecemos a Constituição.

A norma infraconstitucional não é equivocada, em que pese sua redação tecnicamente deficitária. O que não pode ocorrer é a interpretação que encaminhe ato de injustiça que, certamente não foi desejado pelo legislador. Tanto não foi, repita-se, que os juízes de direitos sempre descrevem a conduta incriminadora do agente condenado, mesmo quando sua contribuição ao evento delituoso foi de qualquer modo (subsidiário, colaborador, etc.).

É lição de Ada Pellegrini Grinover (1998 p. 14): "O importante é ler as normas processuais à luz dos princípios e das regras constitucionais. E verificar a adequação das leis à letra e ao espírito da Constituição (...). É vivificar os textos à letra, à luz da ordem constitucional."

E, no testemunho do Ministro Carlos Velloso, do egrégio STF, em entrevista à Folha de São Paulo, o grande Ataliba Nogueira já alertava que "certos juizes, quando se trata de aplicar portarias e decretos, fazem-no até com certo brilhantismo. Mas se se trata de aplicar a Constituição, esses juizes ficam atemorizados e acabam encontrando modo de não enfrentar o tema constitucional".

A questão resolve-se com simples interpretação das normas contidas na Carta Magna, afastando-nos da leitura da codificada na sua insubmissão àquelas, para ver que não é mais possível conviver com esta injusta e cruel quesitação.

O momento de decisão não pode dispensar o de meditação. Por isso mesmo já proclamava Arnaldo Vasconcellos (1982, v. 23):

"A base da norma é o fato, sem dúvida, mas o fato axiologicamente dimensionado. Essa apreciação que se dá quando do surgimento da norma, renova-se todas as vezes que ela é aplicada: Os fatos e os valores originais são trazidos à compatibilização com os fatos e valores do momentos presente. Esse processo evidencia o dinamismo do direito e responde por sua vitalidade. Há de ter o jurista bem presente esses aspectos da normatividade do direito, porque, na verdade, o que se aplica é a interpretação normativa e nunca a norma em seu presumível e problemático significado original".

Basta alguma reflexão em torno do tema, avaliando a justiça ou injustiça da fórmula até agora empregada em grande número de julgamentos, para que seja expurgada de nosso sistema jurídico, restabelecendo-se o respeito aos princípios de direito citados ao longo do texto, da dignidade do indivíduo-réu e do prestígio da justiça. Por isso mesmo decidiu há mais de trinta anos o e. STF: "(...) a competência do Júri é estritamente determinada pelo fato e, assim, o questionário deve ser apresentado em termos de sentido prático ou vulgar, evitada as proposições de caráter genérico, cópia servil da lei, e formuladas as questões de cunho objetivo, que não gerem dúvida ou perplexidade (...)." (STF-Pleno, RHC 40242. Rel. Antonio Villas Boas, Ementário do STF vol.567-03, p. 1178).

Para Caníbal (1999, p. 319), a elaboração do questionário com a malsinada indagação é "mais do que ilegal e inconstitucional, trata-se de quesitação ilegítima por ferir o 'mais fundo da lei' onde se pretende que, com base no *due processo of law* faça o Poder Judiciário o que a Constituição Federal manda e cumpra. Isto é, julgue observando as normas infraconstitucionais e sempre relendo-as com o fito de verificar se foram recepcionadas pela *grundnorm*. Se não o foram não são aplicáveis, porque este deve ser o compromisso do julgador: com o jurisdicionado em termos de aplicação de normas constitucionais legítimas."

A reflexão conduz, inevitavelmente, à extrema necessidade de resgatar a verdade jurídica na interpretação do art. 29 do Código Penal, para que os jurados, no que lhes incumbe, possam efetivamente julgar o fato sem dispensar o direito e os princípios básicos de nossa Constituição.

8. Apelação no Júri: a linguagem inconstitucional dos acórdãos

Como sabido, a sentença de pronúncia – que, em verdade, é decisão interlocutória mista que encerra a fase da instrução preliminar (*judicium accusationis*) – tem a finalidade restrita de, afirmando a existência do fato e indícios da autoria (art. 408, CPP), dar por admissível a postulação acusatória quanto ao delito doloso contra a vida denunciado pelo Ministério Público e, assim, estabelecendo os limites da acusação, vincular o libelo-crime e confirmar o julgamento pelo Conselho de Sentença já antecedido no ato inicial do processo.

Temerariamente, pode-se afirmar que existe um novo momento de pertinência que distingue os feitos de competência do Júri dos da do juiz singular: nestes, a correlação é entre a denúncia (ou aditamento) e a sentença condenatória; naqueles, entre a denúncia (ou aditamento) e a sentença de pronúncia – que pode estabelecer novos limites da acusação (v.g. pode ocorrer desqualificação) – e entre esta e a sentença penal condenatória final.

Lembra-se que, recebida a denúncia envolvendo crime doloso contra a vida, pelo porte constitucional da competência do Júri, o Juiz de Direito passa a ser presidente do colegiado popular, e sua atuação jurisdicional não se dirige a "julgar", mas, sim, administrar os atos processuais que dependam da reserva de atribuição (receber a denúncia, compromissar testemunhas, decretar prisão, etc.), não delegada legalmente aos jurados. Assim, apenas excepcionalmente julgará ao encerrar a instrução preliminar e tão-somente para absolver sumariamente com base no artigo 411, CPP, vencido o *in dubio pro societate* e por estar diante de fato inegavelmente lícito ou exculpável, sem excluir o questionamento sobre a constitucionalidade de tal dispositivo.

Porque a fase preliminar não se destina a julgamento da causa (com a exceção anotada acima), o juiz de direito já estará atuando – desde o recebimento da denúncia – como presidente do Júri, e não em atividade jurisdicional monocrática plena, é certo dizer que, primeiro, a sentença de pronúncia não versa sobre competência; segundo, que o juiz de direito, erigido presidente do tribunal popular, terá que adotar linguagem moderada e adequada à decisão provisória de pronunciação.

O objetivo de tal cuidado no juízo de admissibilidade da postulação acusatória é evitar instrumentalizar qualquer das partes, especialmente a acusação, com argumentos do juiz de direito, que, aproveitados na sessão de julgamento, serão capazes de influenciar o ânimo dos jurados e, assim, retirar deles a formação da convicção íntima que deveriam extrair apenas do exame da prova, à luz da dialética de plenário. Por isto mesmo, esta decisão interlocutória mista deverá vir caracterizada por cautelosa avaliação probatória e sem registro da vocação, mesmo implicitamente, do magistrado a respeito do mérito.

Leia-se na jurisprudência:

"Segundo a moldura legal do art. 408, do Código de Processo Penal, a sentença de pronúncia consubstancia mero juízo de admissibilidade da acusação, em que se exige apenas o convencimento da prova material do crime e da presença de indícios de autoria, sendo descabida que se demonstre nesse édito judicial, de modo incontroverso, quem seja o autor do delito. Nos crimes dolosos contra a vida, o juízo de certeza sobre a autoria, imprescindível apenas para a condenação, é da competência exclusiva do Tribunal do Júri, seu juízo natural, sendo vedado ao juízo singular, ao proferir a sentença de pronúncia, fazer longas incursões sobre a prova da autoria, susceptíveis de influenciar o corpo de jurados, sendo certo que, nessa fase do processo, despreza-se a clássica idéia do in dubio pro reo sobrelevando o princípio do in dubio pro societate. Recurso especial conhecido e provido. STJ, REsp no 115.324 – PR – Relator: Ministro Vicente Leal – Sexta Turma – Unânime – Julgamento: 09.06.97."

Não é diferente o pensamento doutrinário mais qualificado:

"A pronúncia é sentença processual de conteúdo declaratório, em que o juiz proclama admissível a acusação, para que esta seja decidida no Plenário do Júri" (Marques, 1965, item 723).

Em outro texto, José Frederico Marques (1997, p. 374) chama a atenção para texto de Joaquim Canuto Mendes de Almeida, que, em admirável síntese, expõe o problema da pronúncia:

"A pronúncia é um juízo de acusação, operação jurisdicional diversa do juízo da causa. Não declara que o ato examinado é passível de punição, mas decide, no caso, da legitimidade de se instaurar ação penal. Assentando sobre elementos probatórios comuns aos do futuro e possível julgamento criminal propriamente dito, a pronúncia não lhe esgota, nem lhe diminui, todavia, o conteúdo. Não determina o fundamento condenatório ou absolutório, mas apenas o fundamento acusatório. Suas premissas são, como o juízo da causo, a lei e um fato concreto; mas, enquanto a lei que este aplica exprime o direito de punir, a pronúncia declara, tão-só, o direito de acusar; e, ao passo que o fato sobre que recai o juízo da causa é o pretenso crime ou contravenção, o fato que a pronúncia aprecia é a existência de provo do pretenso crime ou contravenção, quanto baste legalmente para justificar uma ação penal".

Por isto, não é errado dizer que, absolvido o réu, ou condenado por delito resultante de desclassificação, o Conselho de Sentença revoga a sustentação provisória da sentença de pronúncia, estabelecendo, ainda que precariamente, uma conclusão distinta, própria da opinião majoritária do juízo coletivo-popular.

Em circunstância legalmente prevista, pode entender – a parte vencida – que a decisão dos jurados contraria a prova dos autos.

É por tal que, conforme o artigo 593, inciso III, alínea *d*, do Código de Processo Penal, pode o sucumbente interpor apelação se a for a decisão dos jurados manifestamente contrária à prova dos autos, objetivando sua cassação, e a realização de novo julgamento.

É verdade que a redação da alínea é de extrema infelicidade, pois anima a idéia de que se poderá invadir a esfera de julgamento dos jurados, através da declaração temerária na instância *ad quem* ao proclamar o provimento do recurso, havendo, inclusive, quem a entenda inconstitucional, vez que atingiria a soberania de veredictos, instituto de porte constitucional.

Em que pese a desconfortável sensação de ser, a disposição recursal afrontosa a preceitos da Carta Magna, não é de ser esquecido que a Lei Maior, tendo o dispositivo que versa sobre a soberania dos veredictos (art. 5º, inc. XXXVIII, c, CF), tem concorrente em outro importante princípio de hierarquia superior, qual seja, a certeza do duplo grau de jurisdição, implícito na Carta quando ela trata dos órgãos do Poder Judiciário e sua competência, bem como pelo que dispõe o Pacto de San Jose da Costa Rica[27] que, abrigado no sistema normativo brasileiro desde 1992, afirma direta e objetivamente a existência, como garantia do cidadão, do direito de buscar a reforma da decisão em segundo grau jurisdicional.[28] Trata-se de cotejar garantias constitucionais de cunho fundamental, sem que se perceba antinomia.

Por tal, incumbe trazer à colação o escrito por Guilherme de Souza Nucci (1999, p. 98) ao tratar da decisão definida no dispositivo em comento:

"A situação é teoricamente perfeita. Uma decisão manifestamente injusta pode ser revista pelo próprio Tribunal do Júri, bastando que, para isso, o Tribunal Superior proveja a apelação. Será, então, o mesmo órgão julgador, naturalmente com outra composição (art. 607, § 3º do Código de Processo Penal, Súmula 206 do Supremo Tribunal Federal). que irá reavaliar o que fez. mantendo ou não o veredicto. Existindo erro crasso, certamente no interesse da justiça, o júri, novamente reunido, reformara a decisão anterior."

Admitido, pois, o recurso, sem que viole o preceito constitucional, mesmo com sua redação infeliz, é de ver que o réu, sempre que provida a apelação, voltará ao plenário para ser novamente julgado, limitada que é a decisão de segundo grau a mero juízo de cassação.

Será sempre o Conselho de Sentença ("um" Conselho de Sentença, vez que no segundo julgamento estará vedada a atuação dos

---

[27] O pacto corresponde à Convenção Americana de Direitos Humanos, adotada e aberta à assinatura em 22 de novembro de 1969, foi ratificada pelo Brasil em 25 de setembro de 1992.
[28] Art. 8º, item 2, alínea "h".

jurados que compuseram o tribunal popular no primeiro), que terá a última palavra e deles será a decisão definitiva. Aqui não custa lembrar a redação do artigo 593, III, *d*, CPP:

> "Se a apelação se fundar no nº III, *d*, deste artigo e o Tribunal *ad quem* se convencer de que a decisão dos jurados é manifestamente contrária a prova dos autos, dar-lhe-á provimento para sujeitar o réu a novo julgamento; não se admite, porém, pelo mesmo motivo, segunda apelação".

Aqui, sem excluir preocupação com a iniciativa recursal defensiva, é importante dirigir o comentário – e este é o objetivo do texto – à apelação da acusação quando inconformada com a decisão do Tribunal do Júri.

Acontece que, como os exemplos que seguem, os tribunais, através de suas unidades julgadoras, têm se manifestado temerariamente, tornando invasiva e violadora da competência do Júri, fazendo aguda análise da prova, deixando quase sem reação defensiva possível ante a conclusão na instância superior. Veja-se:[29]

> "Desta forma, essa alegação do apelado Luis, de ter agido em legitima defesa putativa não encontra eco na prova produzida, pois como antes demonstrado, a prova testemunhal, no sentido de que a vitima encontrava-se na via pública, conversando com o Sr. Antônio Ramos de Oliveira Sobrinho, momento em que o denunciado chegou ao local e, de imediato, sem qualquer discussão, desferiu um disparo de arma de fogo, de surpresa, aproximadamente a três metros de distância da vitima, impossibilitando que essa pudesse esboçar qualquer reação."

A vitima ainda teria, antes do disparo, levantado os braços por surpreender-se com a atitude do réu, e não teria esboçado que sacaria de uma arma, como pretende este (...).

Ou:

> "É evidente, portanto, que a vitima foi submetida a brutal espancamento. com pontapés e pisoteada, até sofrer um hematoma subdural, só causado por traumatismo craniano, sendo

---
[29] Os excertos são passagens de votos vencedores, cuja constatação pode ser feita, se não nos próprios acórdãos de onde foram extraídos, como nos milhares de votos de nossos tribunais.

isto suficiente para caracterizar o meio cruel empregado, pois além do necessário, conforme reconhecido pela jurisprudência citada por Damásio de Jesus, em Código Penal Anotado, Ed. 3-l, 1993, p. 323, RT 532/340, aliás referida pela ilustrada Dra. Promotora de Justiça em suas razões de apelação. (...) Então, o nobre Conselho de Sentença ao desacolher a qualificadora do meio cruel, pela escassa maioria de quatro votos 'não', decidiu manifestamente contra A prova dos autos, o que impõe o provimento do recurso para que o réu seja submetido a novo julgamento pelo Júri (...)."

Da leitura de tais segmentos de acórdãos, autorizado está indagar:

– Duvida-se que será proveitosa à acusação tais expressões quando submetido o acusado ao novo julgamento?

– Está autorizado o Tribunal a adotar linguagem imoderada a título de prover recurso da acusação ante a singela afirmação de que a lei se refere à decisão manifestamente contrária à prova dos autos?

Na resposta do primeiro questionamento, a tônica é o óbvio. Coloca a unidade julgadora poderoso instrumento acusatório nas mãos do Promotor de Justiça e/ou assistente da acusação, afetando profundamente o equilíbrio no embate de plenário entre as partes, com indubitável peso no prato ofensivo da balança da justiça. A dificuldade defensiva será, como tem sido, indescritível, pois o debatedor terá que reagir à manifestação ministerial – que tem o apoio dos argumentos do *decisum* – e contestar a afirmação descuidada e inconseqüente dos julgadores de 2º Grau.

Respondendo ao segundo, faz-se em segmentos, pois o desdobramento é impositivo haja vista a complexidade das agressões ao direito da parte-ré, produzido pela falta de moderação terminológica dos acórdãos em comento.

a) É nítida a agressão à garantia da igualdade processual que dimana do artigo 5º, *caput*, da Constituição brasileira, assegurando que todos são iguais perante a lei, sem distinção de qualquer natureza, garantindo-se aos brasileiros e aos estrangeiros residentes no País a inviolabilidade do direito à vida, à liberdade, à igualdade, à segurança e à propriedade, que, conforme ensina Antonio Scarance Fernandes (1999):

"Transpondo-se essas idéias para o processo, pode-se dizer que em duas linhas manifesta-se a igualdade processual:
1º) exigência de mesmo tratamento aos que se encontrem na mesma posição jurídica no processo, como, por exemplo, o mesmo tratamento a todos os que ostentem a posição de testemunha, só se admitindo desigualdades por situações pessoais inteiramente justificáveis e que não representem prerrogativas inaceitáveis;
2º) a igualdade de armas no processo para as partes, ou par condicio, na exigência de que se assegure as partes equilíbrio de forças; no processo penal, igualdade entre Ministério Público e acusado."

Não se diga que não há como superar, sem análise da prova e sem manifestação a respeito da procedência ou não da pretensão acusatória ante a redação legal. É de lembrar que os textos legais fornecem fórmulas geralmente claras e precisas, cuja rigidez interpretativa, todavia, não pode alijar a segurança constitucional.Jamais!

Por lamentável que entendam alguns doutrinadores e julgadores sabem mais que a sapiência popular possa alcançar. Enganam-se.

No Tribunal do Júri julga-se o fato humano por excelência, e não é – e nem deve ser – de relevância o conhecimento do direito. Por ser o delito praticado por uma razão que não se esgota na ganância patrimonial, na satisfação anômala da lascívia, etc, é o delito que pode ser praticado por qualquer cidadão.

Mata-se por amor, por ódio, por inveja, por ira, por ciúme, por poder, sentimentos e emoções que compõem a personalidade dos humanos e que são comuns a todos.O julgador, para manter o equilíbrio entre as partes, que faz a decência da atividade jurisdicional, deve gerir, vezes tantas, sua ação fora do texto legislativo inferior e de sua vocação logocentrista, animado e inspirado, sempre, pela força da Constituição, por seus preceitos e princípios, que, afinal, revogam aqueles, se lhes contrariar, para permitir ao jurado a livre avaliação das circunstâncias fáticas, emocionais e sociais do evento delituoso, despregado dos vínculos jurídicos, se necessário se fizer.

Não há outra maneira de compreender o mundo social em toda sua extensão.

O responsável pelo reexame das decisões do Tribunal do Júri não tem o direito de armar a acusação com argumentos de sua convicção pessoal, estreitada pelo jurisdicismo ou que promane de seus conhecimentos técnicos como julgador.

Ele, como o juiz de direito na instância originária, não julga.

Quando investe contra a prova, além de emitir a conclusão nulificadora do julgamento, deve estar consciente que está ferindo a igualdade processual de maneira arbitrária e inconstitucional.

b) Conseqüente ao supra-assentado, patenteia-se o arrostar à garantia do contraditório. Antonio Scarance Fernandes (obra citada) lembra que "são elementos essenciais do contraditório a necessidade de informação e a possibilidade reação".

A lição, tão profunda quanto singela, autoriza a conclusão que se alcança pela simples leitura de alguns acórdãos: a capacidade defensiva fica reduzia ante a posição crítica do Tribunal ao analisar a pretensão recursal, vez que o debatedor terá que reagir contra a acusação em si, original e correspondente ao libelo crime acusatório e, além disto, que já não é pouco, terá que tentar desmontar o verdadeiro discurso acusatório do acórdão, o que dificilmente conseguirá.

Viola-se o princípio do contraditório.

c) Ao patrocinar o desequilíbrio de forças no plenário, propendendo a decisão de segundo grau em favor da acusação, pela credibilidade técnico-jurídica de seus componentes, a impossibilidade ou redução da capacidade de reagir defensivamente, implicará, clara e insofismavelmente, violência ao princípio da plenitude de defesa, também garantia constitucional do acusado (art. 5°, XXXVIII, *a*, CF).

Preocupa constatar que a inconstitucionalidade que eiva tais arestos é admitida como fenômeno natural da vida do direito, mediante a justificativa, tão simplista quanto equivocada, de que não seria possível a instância recursal enfrentar o tema sem tratar frontalmente da decisão manifestamente contrária a prova dos autos.

Mas a questão resolve-se no plano da interpretação. Se apanhada na sua literalidade, verdade é que o julgador encontrará dificuldade de sua aplicação sem arrostar o equilíbrio processual.

Mas quem disse que a exegese deve ser inflexível?

Não é verdade que o progresso jurídico decorre, também, pela relação reciprocamente conflituosa entre o legislador e os juízes, mormente que é possível alcançar solução justa na adequação do texto ordinário aos preceitos constitucionais? Ou, e este estudo estaria por isto lamentavelmente errado, deve prevalecer a norma injusta com a respectiva subjugação dos princípios de direito?

A inovação jurisdicional verbalizada no acórdão e que resulta em apoio injusto à acusação deve ser removida dos futuros julgamentos para que seja restabelecida a isonomia e a obediência aos demais direitos e garantias fundamentais do processo ao acusado, com o vigor constitucional que as caracterizam.

Em verdade, o julgado tem a força do cajado que, oculto nas palavras, emite constante ameaça ao acusado, frustrando-lhe a expectativa de um julgamento justo e imparcial pelos juiz de fato – juízes naturais do processo – que inevitavelmente sentirão o impacto das expressões dos julgadores.

Sempre atual a vibrante expressão de Hegel:[30]

"(...) direito e justiça precisam guardar seus lugares na liberdade e na vontade, e não na não-liberdade que é encaminhada pela ameaça. Desse modo, a punição é estabelecida como se nós levantássemos um bastão contra um cão, e o homem não será tratado de acordo com sua honra e liberdade, mas como um cão. Mas a ameaça que tanto insulta um homem, que prova sai liberdade contra ela, move-se completamente ao lado da justiça".

Os tribunais devem adotar, para encerrar esta verdadeira chacina ético-jurídica, uma nova postura, o que pode ser feito com a simples lembrança de que, o acórdão que julga a apelação interposta com base no artigo 593, III, *d*, CPP, não é mais que uma "re-pronúncia", pois devolverá os antagonistas ao plenário e ao debate público que tentará ser persuasivo e significativo para seduzir os jurados

---
[30] *Apud* Agnes Heller, *in Além da Justiça*. Rio de Janeiro: Civilização Brasileira, 1998.

e, assim, restabelecido o momento anterior do julgamento anulado. E em tais condições, como na pronúncia, deve o *decisum* de segunda instância conter linguagem comedida e moderada, marcada pelo bom-senso e pelo respeito à Constituição Federal.

9. Os processos de Júri e as Leis 9.099/95 e 10.259/01

9.1. Introdução

O advento da Lei 9.099, de 26 de setembro de 1995, que repercutiu intensamente nos institutos e instituições de direito penal e processual penal, entre os quais o Tribunal do Júri, alterando competência, procedimento, promovendo a desprocessualização e a despenalização, etc., foi estruturalmente reanimada pela edição da Lei 10.259/01, que criou os Juizados Especiais Federais e que alterou em parte aquela, inclusive no que diz respeito ao conceito de infração de menor potencial ofensivo.[31]

Os crimes dolosos contra a vida, pela invulnerabilidade constitucional e apenamento superior previstos nas referidas leis,[32] não foram afetados pela definição da competência, agora ampliada, para os Juizados Especiais Criminais, como aconteceu para expressivo número de delitos. Todavia, são alcançados alguns deles, direta e reflexivamente, pela perspectiva do *sursis* processual e influência da norma sobre os delitos conexos (obviamente que os praticados sem *animus necandi*) e desconfigurados na originalidade denunciada via desclassificação, de possível ocorrência em variados momentos e fa-

---

[31] Lei 10.259/01 – "Art. 2º [...] *Parágrafo único*. Consideram-se infrações de menor potencial ofensivo, para efeitos desta Lei, os crimes a que a lei comine pena máxima dois anos, ou multa.."

[32] *Homicídio*, pena máxima 20 (vinte) anos, se qualificado, 30 (trinta) anos; *induzimento, instigação* ou *auxílio* a suicídio, 6 (seis) anos para o consumado, e 3 (três) anos, se for tentado; *infanticídio*, 6 (seis) anos e o *aborto* (auto aborto e consentido) que tem a menor pena cominada em seu máximo em 3 (três) anos.

ses processuais que, dada a complexidade e detalhamento do sistema normativo, caracteriza os processos afetos ao Tribunal do Júri.

9.2. *Judicium Accusationis*

O primeiro exame pelo magistrado ocorrerá quando, oferecida a denúncia, tiver que optar entre seu recebimento ou não, ou, mais tarde, nas condições do artigo 408, § 4°, e do artigo 410, CPP, ou seja, quando concluir pela desclassificação do denunciado para outro delito doloso contra a vida ou para um da competência do Juiz singular.

A impronúncia mantém a acusação da prática de delito doloso contra a vida, ao menos em tese, sem produzir (bem assim a sentença de pronúncia), coisa julgada material.[33] Portanto, se não houve proposta inicial de *sursis* processual, somente em relação aos delitos conexos é possível o exame da aplicabilidade, ou não, da novidade legal, o que será feito no juízo singular (se já não o foi, obviamente, quando do oferecimento da denúncia), com a cisão do processo, vez rompida a conexão com a decisão – sem julgamento – feita com base no art. 409, do Código de Processo Penal.

9.3. Crimes dolosos contra a vida e o *sursis* processual

Conforme expresso no artigo 89 da Lei 9.099/95, "nos crimes em que a pena mínima cominada for igual ou inferior a 1 (um) ano, abrangidos ou não por essa lei, o Ministério Público, ao oferecer a denúncia, poderá propor a suspensão do processo, por 2 (dois) ou 4 (quatro) anos, desde que o acusado não esteja sendo processado por outro crime, presentes os demais requisitos que autorizariam a suspensão condicional do pena (art. 77, do Código Penal)", alcançando, em princípio, os delitos descritos nos artigos 124 e 126 do Código Penal, qual sejam, o auto-aborto e o aborto consentido pela gestante provocado por terceiro com apenamento de um a três anos de detenção aquele e um a quatro anos de reclusão este.

---

[33] Alguns doutos defendem que, com a sentença de impronúncia, a acusação desaparece, nada neste sentido, restando contra o acusado. Mas o parágrafo único do artigo 409, CPP, mantém a pendência acusatória, vez que basta "novas provas" para ser instaurado, novamente, "processo contra o réu".

Não se desconhece a polêmica estabelecida em torno do *sursis* processual com o advento da nova lei, vez que não haveria norma alterando o *quantum* penal da Lei dos Juizados Especiais Estaduais para a outorga da suspensão condicional do processo. O novo texto é omisso, ou melhor, como norma geral ali contida, apenas faz remissão à Lei 9.099/95 ao determinar que "são instituídos os Juizados Especiais Cíveis e Criminais da Justiça Federal, aos quais se aplica, no que não conflitar com esta Lei, o disposto na Lei 9.099, de 26 de setembro de 1995" (art. 1º), o que poderia emprestar ao novo momento legal-processual a certeza de que houve definição proporcional para os delitos de médio potencial ofensivo. Assim a lição de Nereu José Giacomolli:

> "Com o advento da Lei 10.259/01, a qual ampliou o conceito de infração penal de menor potencial ofensivo de 1 para 2 anos, entendemos que, simetricamente, pelo princípio da proporcionalidade, houve também uma ampliação do conceito de infração de médio potencial ofensivo, nos mesmos parâmetros. Assim, é de admitir-se a possibilidade da suspensão condicional dom processo nos crimes cuja pena mínima não seja superior a dois anos, preenchidos os demais requisitos legais".[34]

Neste sentido, tem decidido os tribunais superiores:

> "A Lei nº 10.259/2001, ao definir as infrações penais de menor potencial ofensivo, estabeleceu o limite de dois anos para a pena mínima cominada. Daí que o art. 61 da Lei nº 9.099/95 foi derrogado, sendo o limite de um ano alterado para dois, devendo tal mudança ser acrescentada à parte final da Súmula nº 243 desta Corte, visto que as alterações da lei penal que são benéficas para os réus devem retroagir. A Turma deu provimento ao recurso para afastar o limite de um ano e estabelecer o de dois anos para a concessão do benefício da suspensão condicional do processo. RHC 12.033-MS, Rel. Min. Felix Fischer, julgado em 13/8/2002. No mesmo sentido: REsp 261.371-SP, Rel. Min. Fernando Gonçalves, julgado em 15/10/2002.

Por este entendimento, também os delitos de induzimento, instigação ou auxílio ao suicídio (art. 122, CP) e infanticídio (art. 123,

---
[34] *Juizados Especiais Criminais.* 2ª ed. Porto Alegre: 2002, p. 202.

CP), cujo apenamento mínimo é de dois anos, tornaram-se os acusados pela sua prática beneficiários do *sursis* processual.

A questão deverá consolidar-se no plano jurisprudencial e, na esteira, deverá seguir a doutrina brasileira.

Mesmo que os delitos tenham julgamento constitucionalmente afetos aos jurados, não há como deixar de considerar a aplicação do *sursis* processual na espécie porque deste benefício não resulta alteração jurisdicional.

A aparência em sentido contrário vai desfeita, quando se constata que o Tribunal do Júri continua competente para o julgamento e expirando o prazo da suspensão sem revogação, o Juiz declarará extinta a punibilidade do denunciado (art. 89, § 5°, Lei 9.099/95)..

Se, por outro lado, por qualquer das razões legalmente expostas, for cassada a suspensão processual, o feito retoma seu curso regular sem prejudicar a pronunciação e o julgamento pelo Juiz natural.

Não seria jurídico, muito menos justo, que, em nome da competência, se subtraísse aos acusados a perspectiva de elisão da pretensão acusatória concretamente estabelecida pela incoativa ministerial, o que *significaria retirar arbitrariamente uma parcela fenomenológica do âmbito legislativamente selecionado para incidir a nova política criminal estatal, de natureza transacional.*[35]

Trata-se, pois, de aplicação incidental do benefício sem que haja lesão ao princípio do juiz natural.

9.4. Conexão e continência. Competência do Júri e do JEC

Por imposição normativa, são julgados pelo Tribunal do Júri – em caso de conexão ou continência com os dolosos contra a vida –, os da competência de *outro órgão da jurisdição comum* (art. 78, I, CPP).

Ditos delitos poderiam, aparentemente, estar arrolados entre os que deveriam ser apreciados pelos Juizados Especiais Criminais ou admitam o *sursis* processual: em relação à primeira hipótese, ficam *excluídas as infrações de menor potencial ofensivo que, em face de conexão ou continência, devam ser processadas com outra infração, estranha à sua*

---

[35] Luiz Flavio Gomes, *Suspensão Condicional do Processo*, p. 284/285. Contra: Carla Rodrigues de Araujo, *Juizados Especiais Criminais*, p. 47.

competência,[36] o que levaria à conclusão de que o julgamento deveria ser feito pelo colegiado popular, de vez que, além da previsão adjetiva referida, o Júri tem competência inalterável ante a sua gênese constitucional.

Em que pese a autoridade cultural-jurídica de eminentes autores (Ada Pellegrini Grinover, Antônio Magalhães Gomes Filho, Antônio Scarance e Luiz Flávio Gomes, roborada por Damásio E. de Jesus), no tanto que se refira ao Tribunal do Júri, a questão merece ser examinada sobre outra ótica e, por isto, tenho como inspiradora a lição do eminente Juiz gaúcho Nereu Giacomolli:

> "Situação diversa ocorre em se tratando de infração de menor potencial ofensivo, ou como passível da suspensão condicional do processo, conexa com delito doloso contra a vida. Às infrações conexas a Constituição Federal não assegurou a garantia do julgamento pelo Tribunal Popular. Portanto, havendo conexão, em princípio, o processo deverá ser cindido".[37]

Ainda que a conclusão deste autor seja a mais correta, tenho que é possível alcançá-la por interpretação mais elástica e, por isto mesmo, mais debatida, pois entendo que a Constituição Federal, ao estabelecer a competência do Tribunal do Júri para julgar os crimes dolosos contra a vida (art. 5º, XXXVIII, *d*), não conferiu à instituição força julgadora em relação aos demais tipos penais legalmente reconhecidos.

Entendo que "as regras relativas à conexão e continência são ampliativas da competência e não prevalecem, pois, diante do óbice constitucional, pelo menos até que se subverta a natureza do Júri, conferindo-lhe competência judicante para outros delitos".[38] No caso, importa lembrar que a conexão é instituto gestado pela norma comum, no Código de Processo Penal, e não na Lei 9.099/95 nem na Lei 10.259/01 (que dela não tratam), o que autoriza a admitir que, em sendo norma de caráter especial, não é afetada pelo fenômeno da *vis atractiva*.

---

[36] Magistério de Ada Pellegrini Grinover *et alii*, *Juizados Especiais Criminais*, p. 57. No mesmo sentido, Damásio, obra citada, p. 40.
[37] Obra citada, p. 76.
[38] Meu livro *Júri – Instrumento da Soberania Popular*. Porto Alegre: Livraria do Advogado, 1996, p. 70.

Por esta mesma razão, não há que se lembrar da incidência supletiva do Código de Processo Penal (art. 92, LJECC), de vez que somente acontece em caráter subsidiário e no que não for incompatível com ela. Inexiste maior incompatibilidade que a alteração de competência, mormente quando esta é expressa no respectivo texto legal.

Convence, pois, que é correta a cisão do processo, seja quando do recebimento da denúncia se nesta for apontada a conexão, seja quando do encerramento da *judicium accusationis*, ante eventual desclassificação (art. 410, CPP), se o Juiz antever delito da competência dos Juizados Especiais Criminais.[39]

Evidentemente que, se o fenômeno jurídico atrativo envolver delito que dependam de representação, imprescindível torna-se a manifestação de quem tem legitimidade para a ação penal.[40]

9.5. Conexão e continência. Suspensão do processo

A segunda hipótese possível pelo vínculo processual em abstrato de delitos confronta a possibilidade de, atraído um que, por força do art. 89, da Lei 9.099/95 agora em sua necessária combinação com a Lei 10.429/01, seja passível de suspensão e o doloso contra a vida que firma a competência do Tribunal do Júri, que não a admite (com exclusão, obviamente, dos delitos dos arts. 122, 123, 124 e 126, CP).

Segundo alguns autores, o *sursis* processual relacionado com o atraído depende da gravidade do delito prevalente, que o contamina e, por isto mesmo, as circunstâncias do homicídio, por sua natureza, afetariam as deste último. Mas, com todo o respeito que mereça este entendimento, não é assim que deve ser encarado o quadro concursal. A orientação resultaria na antecipação de juízo censório em relação ao delito prevalente, só aceitável como reflexo de juízo condenatório definitivo.

A lei autoriza o exame das circunstâncias para a concessão da suspensão da pena tão-só para os delitos que admitam o benefício,

---

[39] Marino Pazzaglini Filho *et alii, Juizado Especial Criminal – Aspectos Práticos da Lei 9099/95*, p. 113, defendem a prática dos atos transacionais, etc., no próprio processo e sob a jurisdição do magistrado do Júri.

[40] Não é demais lembrar que a Lei 9099/95 impôs a necessidade de iniciativa neste sentido para os crimes de lesão corporal leve ou culposa (art. 88).

pois que, cumpridas as condições do *sursis* processual, será extinta a punibilidade do agente pela sua prática. Portanto, a análise das operadoras judiciais (art. 59, CP) – necessárias para a suspensão condicional da pena (o *sursis* tradicional) – só é permitida em favor do réu quando não referir ao benefício do Código Penal, exatamente porque não se lhe precede qualquer juízo de censura. A idéia da contaminação deve ser repelida.

Por outro lado, entendo que o embaraço maior está circunscrito à manifestação ministerial, de vez que, admitindo a possibilidade do *sursis* processual em relação ao delito *conexo*, terá que enfrentar a detalhes analíticos comuns ao doloso contra a vida e, assim, fragilizar a tese acusatória. É que, conforme dispõe a lei, o Promotor de Justiça proporá a suspensão desde que o acusado não esteja sendo processado ou não tenha sido condenado por outro crime, presentes os demais requisitos que autorizariam a suspensão condicional da pena (art. 89, Lei 9.099/95), junto com o oferecimento da denúncia.

Ora, muito antes do debate em plenário, quando a retórica é destinada aos jurados, deverá ele manifestar-se a respeito da reincidência, culpabilidade, antecedentes, conduta social, personalidade do agente motivos e circunstâncias judiciais (art. 77, I e II, CP), informando aos juízes de fato qualidades do acusado ou do crime, que não gostaria de ver reconhecidas para o crime doloso contra a vida, pois prejudicaria a tese acusatória, e que seriam bem exploradas, e com razão, pela defesa.

As circunstâncias judiciais do art. 59, CP, aproveitada obliquamente como requisitos para a concessão do benefício, só eram examinadas antes da edição da Lei 9.099/95 pelo Juiz de Direito, quando já estabelecido um veredicto condenatório. O problema, que é de caráter geral, mas que aflige especialmente nos crimes a serem julgados pelo Tribunal do Júri, está na reserva concedida ao Ministério Público para a proposta de suspensão e sua futura postura perante os Juízes de fato.

Há, evidentes diferenças entre os destinatários da pretensão acusatória e punitiva: o Juiz de Direito não sofre a influência dos detalhes periféricos do crime, desde que não decisivos para a elaboração de seu convencimento (o que se deve à sua formação estruturalmente jurídica); o jurado, ao contrário, está sujeito a conhecer o processo despojado das circunstâncias técnico-jurídicas, vinculando-se estritamente ao fato. Por isso que o exame amplo dos requisitos para concessão do *sursis* processual será tarefa árdua para o órgão acusador. Mesmo que se lobrigue a dificuldade ministerial em sua vocação acusatória, certamente não impedirá que ele proponha a suspensão, adotando um critério dentro dos primados de justiça e bom-senso que qualificam o Ministério Público.

É imperativo, se proposta a suspensão do processo, que ele seja separado, mas mantido apensado ao outro, prosseguindo-se em direção ao julgamento apenas no que trata do crime doloso contra a vida. No que resultou suspenso, terá desenvoltura apenas para verificação do cumprimento das condições. Explica-se: a suspensão não revoga o elo conexivo e, descumpridas as condições, o fato será examinado pelo Tribunal do Júri (se ainda possível, como se verá mais adiante).

Outro aspecto a ser considerado quanto aquela reserva de iniciativa ministerial é a restrição feita ao magistrado para tal. O antagonismo interpretativo parece superado na jurisprudência e pode ser sintetizado na lição de Ada Pellegrini Grinover e seus cultos parceiros na obra já citada: "parte-se do pressuposto de que a suspensão condicional do processo é instituto de natureza processual, atrelado ao princípio da discricionariedade regrada, cabendo ao Ministério Público a escolha da via relativa ao delito. A suspensão, de outro lado, de modo algum poderia ser concebida sem a transação explícita do órgãos acusatório. A solução para a recusa injustificada está no artigo 28 do CPP, portanto. E, se o Procurador-Geral de Justiça insistir na não realização da proposta de suspensão, nada mais pode ser feito". (p. 273).

9.6. Vencimento do prazo da suspensão ou sua revogação e o Júri

9.6.1. *Anterior ao julgamento pelo Júri*

Concedida suspensão condicional do processo e vencido o prazo das condições antes do julgamento do crime doloso contra a vida sem razão para sua revogação, o magistrado declarará extinta a punibilidade do agente; se, porém, der causa para a cassação do benefício, nada obsta que ele seja julgado, como deve ser, pelo Tribunal do Júri, juntamente com delito contra a vida. É que não depende o delito conexo de pronúncia e nem pode manifestar-se a respeito esta interlocutória. A cautela necessária é a convocação do Ministério Público para incluir o delito no libelo-crime, ou aditá-lo se já oferecido, depois de restabelecida e encerrada a instrução.

9.6.2. Posterior ao julgamento pelo Júri

Acontecendo ser o crime doloso julgado pelo Tribunal do Júri antes de vencer o prazo da suspensão do crime conexo, duas situações podem ocorrer: uma, o réu cumpre as condições do *sursis* processual, e o Juiz declara extinta a punibilidade (art. 89, § 5°, Lei 9.099/95); outra, o réu descumpre as condições, e o benefício é revogado.

Sem relevância a primeira hipótese. Preocupante a segunda.

Acontece que o vínculo da conexão torna competente o Tribunal do Júri para o julgamento de todos os delitos interligados pela expressão da lei, salvo se declarada antes a extinção da punibilidade ou ocorrer desclassificação pelo Conselho de Sentença.

Ora, se a lei autoriza a suspensão do processo pelo Juiz de Direito, conforme conclusão acima, não afasta, é certo, a competência do Tribunal Popular para o seu julgamento.

A indagação que se faz é se o Juiz da suspensão pode, consumado o julgamento do delito prevalente, julgar o conexo pelo desatendimento das condições do *sursis* processual?

A meu ver, a solução está implicitamente contida no artigo 82, última parte, do Código de Processo Penal: se, não obstante a conexão ou continência, forem instaurados processos diferentes, a autoridade de jurisdição prevalente deverá avocar os processos que corram perante os outros juízes, salvo se já estiverem com sentença definitiva. Neste caso, a unidade dos processos só se dará, ulteriormente, para o efeito de soma ou de unificação das penas. Assim, pela existência da sentença definitiva anterior à revogação do benefício, está autorizado o magistrado a remeter os autos ao Juizado monocrático, onde será processada a ação penal. Se condenado o acusado nos dois delitos (pelo Júri e pelo Juiz singular), poderá providenciar na unificação das penas, conforme a autoridade da última parte do artigo citado. De lembrar a aplicação subsidiária do CPP às Leis 9.099/95 e 10.259/01, conforme art. 92, daquela e art. 1°, desta.

Não é de entender-se que o Juiz-Presidente do Tribunal do Júri possa julgar o delito remanescente da conexão, mesmo que tenha sido o Juiz que concedeu o *sursis* revogado. Acontece que, vencida a fase da *judicium accusationis*, ele só poderá prolatar sentença de mérito autorizado pelo Conselho de Sentença, e pela via única da desclassificação. Haverá, pois, pela impossibilidade de julgamento simultâneo, a separação dos processos nos termos do artigo 80, CPP, por motivo relevante.

Cabe uma exceção: se anulado o Júri, o delito conexo terá o destino do doloso contra a vida, isto é, não haverá dificuldade para o julgamento conjunto (art. 82, CPP, por analogia). Portanto, é recomendável esperar o trânsito em julgado da sentença ou o julgamento do recurso, se houver, para o Juiz promover a separação do processo.

9.6.3. Concursos de crime

O concurso material de crimes dispensa maiores indagações, por sua imperativa consideração individual. Presentes as condições, o Juiz deverá cindir o processo ou remetê-lo inteiramente aos Juizados Especiais Criminais.

Debate-se sobre a possibilidade de reconhecimento de crime continuado ou concurso formal para os crimes dolosos contra a vida.

Refugindo da discussão, eis que as correntes divergentes produzem argumentos ponderáveis num e noutro sentido, presente que o disposto no artigo 70, ou 71, do Código Penal são derivativos do concurso material e gerados para beneficiar o acusado, importa considerar que, se admitida a possibilidade de aplicação das regras pertinentes, seja para efeitos de cisão do processo e remessa de aos Juizados Especiais Criminais, seja para efeito de suspensão condicional do processo, os delitos devem ser examinado um a um, desprezando-se o acréscimo legal. É assim para reconhecimento da prescrição (art. 119, CP), e não se justifica que não o seja para a realização das figuras benéficas da Lei 9.099/95 (transação ou *sursis* processual), com a ampliação trazida pela 10.259/01.

9.6.4. Tentativa de crimes dolosos contra a vida

Para verificação do alcance da Lei 9.099/95 e da Lei 10.259/01, no que tange à suspensão condicional do processo, quando a hipótese versar sobre delitos tentados, está pacificado na jurisprudência e doutrina que o critério para o cálculo penal abstrato é o da redução máxima sobre o limite mínimo da *sanctio legis*.

Conclui-se, por isto, que os homicídios tentados que, antes estavam fora das perspectivas despenalizadoras, com a ampliação do conceito de delitos médio potencial ofensivo (pena mínima de dois anos), agora integram o elenco que admite o *sursis* processual. A pena mínima para o homicídio simples é de seis anos (121, *caput*, CP) e, assim, a cominação abstrata fica reduzida para 2 (dois) anos de reclusão (redução de dois terços).

Não merece debate o homicídio qualificado pela sua obviedade de sua situação ante a lei.

Para os demais delitos, a perspectiva do benefício é positiva.. Assim: Os arts. 122 e. 123, CP, com pena mínima de dois anos; art. 124, CP, que admite a suspensão pela pena mínima em abstrato para o próprio delito consumado, com mais razão o seria para a forma tentada (vide comentário supra); art. 125, CP, com pena mínima de três anos; art. 126, CP, com pena mínima de um ano reclusão.

A regra do artigo 127, CP, não afeta a conclusão porque, mesmo havendo referência doutrinária e jurisprudencial de forma "qualificada" às remissões ali feitas, na verdade ela contempla causa especial de aumento da sanção. Não é uma qualificadora.

Por isto que, efetuado o cálculo para redução de dois terços sobre as penas abstratamente cominadas, o Promotor de Justiça deverá propor a suspensão condicional do processo na forma da lei (ao oferecer a denúncia, art. 89, Lei 9.099/95). Por oportuno relembro os argumentos expendidos neste texto a respeito da suspensão do processo em caso de crimes dolosos contra a vida (auto-aborto, etc.).

9.7. Judicium causae

Assente que as questões versando sobre a aplicabilidade das Leis 9.099/95 e 10.259/01 são resolvidas no recebimento da denúncia, desclassificação ou impronúncia, alguns delitos originariamente da competência dos Juizados Especiais, ainda assim, podem ser examinados pelo Conselho de Sentença. Basta que a transação ou proposta de *sursis* resultem frustradas ou que a complexidade ou circunstâncias do caso determinem o deslocamento da competência dos Juizados Especiais Criminais para o Tribunal do Júri (art. 77, § 2°, L. 9.099/95). O tratamento processual será o mesmo, isto é, constando da pronúncia e do libelo, será submetido o seu julgamento pelo Conselho de Sentença e, portanto, objeto do questionário.

A questão mais angustiosa deriva da desclassificação pelo Tribunal do Júri, ou seja, quando, com deslocamento ou não da competência, opera-se a desclassificação por não reconhecer o Júri a existência de *animus necandi*.

Examinam-se as hipóteses desclassificatórias.

9.7.1. Desclassificação própria

Se o colegiado popular concluir pela sua incompetência, pura e simplesmente, o Juiz singular assume a plenitude jurisdicional e, por força do consta do art. 492, § 2°, do Código de Processo Penal, deverá prolatar e publicar ainda na sessão sua sentença. A Lei 9.099/95 subverteu parcialmente a aplicação do referido dispositivo. Eis as situações possivelmente resultantes:

9.7.2. Desclassificação e os Juizados Especiais Criminais

A desclassificação pode definir, no resíduo típico, um crime da competência dos Juizados Especiais Criminais (v.g. tentativa de homicídio incruenta para crime de perigo do artigo 132, CP). Nesta hipótese, o magistrado deverá prolatar decisão onde descreverá a conseqüência dos veredictos e ordenará o encaminhamento ao órgão jurisdicional competente.[41]

---

[41] Comungam deste entendimento os doutos Ada Pellegrini Grinover *et alii*, Damásio E. de Jesus e Nereu Giacomolli (obras citadas).

Portanto, o artigo 492, § 2°, CP, merece uma interpretação moderna e adequada, cumprindo sua essência mandamental com a leitura do despacho que ordenará o encaminhamento ao órgão competente (RHC 7601/AC – 5ª Turma, Rel. Min. José Dantas; RHC 7661/AC – 6ª Turma, Rel. Min. Luiz Vicente Cernicchiaro).

O dispositivo, quanto à exigibilidade de sentença final está revogado pela lei especial, mas está mantida a exigência de leitura da decisão (interlocutória) em plenário. Acontece que, com a publicidade, encerra-se a instância coletiva, dissolve-se o Conselho de Sentença e fixa o termo inicial do prazo para recurso, ficando as partes intimadas e ciente a sociedade do veredicto.

Com o trânsito em julgado, os autos serão remetidos aos Juizados Especiais Criminais.

Inaceitável, por isto mesmo, que o Juiz-Presidente do Júri promova qualquer ato que resulte em usurpação da competência dos Juizados Especiais Criminais. Aqui, a conclusão deriva do cotejo entre a norma especial e a comum, e não mais de qualquer delas com a Constituição Federal, que só assegura a competência do Tribunal do Júri.

9.7.3. Desclassificação e a Suspensão Condicional do Processo

Se o delito residual for daqueles que não sendo da competência dos Juizados Especiais Criminais, mas que admitem a suspensão condicional do processo por força das Leis 9.099/95 (art. 89) e 10.259/01, o Promotor de Justiça será chamado a manifestar-se a respeito da proposta. Todo o procedimento ocorrerá no próprio julgamento, após a votação do questionário e antes de restabelecer a situação plenária, envolvendo embate entre normas especiais ou ordinárias.

Oferecida e aceita a proposta, concordando o Juiz, fixará as condições, suspendendo o processo. O despacho correspectivo será lido em plenário; não aceita pelo réu ou dela discordando o magistrado, lavrará este a sentença, que será lida na forma prevista no Código Processual.

Interessante lembrar que, concedido o *sursis* processual, o Juiz-Presidente do Júri ficará vinculado ao feito até sua extinção, seja pelo cumprimento das condições, seja pela prolação de sentença por seu descumprimento como conseqüência da *perpetuatio jurisdicionis*. Resulta concluir que repete-se a conseqüente revogação parcial do art. 492, § 2°, CPP, de vez que a sentença, extintiva da punibilidade ou de mérito, será publicada em momento que não o previsto legalmente.

9.7.4. Desclassificação imprópria

Mais complexa é a matéria envolvendo a desclassificação imprópria, ou seja, aquela em que, afastado o *animus necandi* pela resposta dos jurados aos quesitos, pela relação de conexividade ou continência, sua competência é prorrogada e, assim, decidirá sobre crime que deveria, em tese, ser julgado pelo Juiz singular.

A mais comum é a que ocorre quando, em concurso de agentes, um dos réus adotando tese desclassificatória, a tem acolhida pelo Conselho de Sentença, enquanto o co-autor é condenado ou, mesmo, absolvido, isto é, foi julgado pelo Conselho de Sentença; ou quando a tese do réu concorrente é a participação em crime menos grave, identificando a defesa o delito residual, e pelo qual é penalizado, etc. É o imperativo da *perpetuatio jurisdicionis*.

Entendem alguns que o excesso culposo acolhido quando afastada a excludente da criminalidade na negativa do quesitos envolvendo a moderação ou a necessidade dos meios empregados na defesa opera a desclassificação para homicídio culposo, o que levaria à mesma conclusão acima.

Acontece que, com exceção da que deriva da *perpetuatio*, onde pode ser investigada outra tese defensiva e alcançar-se a absolvição, as demais resultam em automática condenação. Assim, condenado em delito diferente do doloso contra a vida porque os jurados reconhecem que o réu quis participar em crime menos grave ou excedeu-se culposamente, é fácil concluir que, menos que tese defensiva propriamente dita, há a proposição de uma pretensão alternativa, condenatória, é certo, mas mais benéfica ao acusado.

Impõe-se três considerações: primeira, em se tratando de julgamento definitivo pelo Tribunal do Júri, os veredictos são soberanos por imposição constitucional. Não há, assim, que se falar em concorrência de normas de vez que a emanada da Carta submete hierarquicamente a infraconstitucional, sem excluir a da de lei especial; segunda, a desclassificação opera, automaticamente, a condenação na maioria dos delitos; terceira, a que não existe surpresa para a defesa, seja pela perspectiva normal do evento desclassificatório, seja porque normalmente ele ocorre como pleito defensivo.

O eminente Juiz gaúcho Nereu Giacomolli, um dos raros autores que escreveram a respeito da desclassificação imprópria e a Lei 9.099/95, disserta que: "Ocorrendo a desclassificação imprópria, isto é, afastamento da tipicidade originária, mas com emissão de juízo acerca dessa, aliás, diversa da constante na pronúncia (condenação por homicídio culposo em virtude do excesso na legítima defesa, participação em crime menos grave, v.g.). O Conselho de Sentença se manifesta sobre o mérito da acusação, motivo pelo qual as infrações conexas, as agravantes e as atenuantes deverão ser quesitadas. Assim, a competência não poderá ser transferida ao JECRI, cabendo ao Juiz-presidente do Tribunal do Júri decidir. Preserva-se a soberania do veredicto, nos termos do artigo 5°, XXXVIII, c, da Constituição Federal".[42]

Por todo o argumento acima, convence que, em se tratando de desclassificação imprópria, inaplicável se torna a Lei 9.099/95, impondo-se o respeito à soberania dos veredictos do Tribunal do Júri.

Estas são as breves considerações sobre a relação entre o Tribunal do Júri e os Juizados Especiais Criminais.

---

[42] Obra citada, p.77.

10. Reforma do CPP e os quesitos mínimos: extinção do Júri

A sociedade jurídica brasileira está testemunhando com apreensão os trâmites de idéias reformadoras para o processo penal no Congresso Nacional, estando em debate o projeto da Comissão de Reforma do Código de Processo Penal.

Segundo o projeto que atualmente tramita no Congresso Nacional, o dispositivo processual penal que versaria sobre a quesitação para compor o questionário levado a responder pelos jurados teria a seguinte redação:

> "Os quesitos serão formulados na seguinte ordem, indagando: I- a materialidade do fato; II- a autoria ou a participação; III- se o acusado deve ser condenado; IV- se existe causa de diminuição de pena alegada pela defesa; V- se existe circunstância qualificadora ou causa de aumento de pena, reconhecidas na pronúncia."

A exposição de motivos, fundamenta a alteração aludindo que:

> "O questionário é sensivelmente simplificado, perdendo em complexidade e ganhando em objetividade e simplicidade. O Conselho de Sentença será questionado sobre matéria de fato.
> Os quesitos devem ser redigidos em proposições afirmativas, simples e distintas, não se permitindo sua formulação com indagações negativas.
> A simplificação alcançou o máximo possível, com a formulação de apenas três quesitos básicos para obter-se a condenação ou

absolvição: a) materialidade do fato; b) autoria ou participação; e c) se o acusado deve ser absolvido ou condenado.
O terceiro quesito terá redação na própria lei ('os jurados absolvem ou condenam o acusado?') e abrange todas as teses de defesa, de modo que se afastam as fontes de nulidades.
A indagação constante desse terceiro quesito tem a virtude de não induzir os jurados a resposta afirmativa ou negativa, como ocorreria caso o quesito indagasse, 'se os jurados condenam' ou, alternativamente, 'se os jurados absolvem o acusado'.
Para o terceiro quesito são criadas cédulas especiais com as palavras 'condeno' e 'absolvo'.
Estabelecida a condenação com o terceiro quesito, indaga-se se existe causa de diminuição alegada pela defesa; se existe circunstância qualificadora ou causa de aumento de pena reconhecidas na pronúncia, nessa ordem. Suprime-se a indagação sobre atenuantes ou agravantes, cabendo essa verificação ao Juiz Presidente.
O Juiz Presidente, no caso de condenação, fixará a pena base, considerará as circunstâncias agravantes ou atenuantes alegadas nos debates, imporá os aumentos ou diminuições de pena em atenção às causas admitidas pelo júri e observará o disposto no art. 387, no que for cabível."

Mesmo que não se conclua por um surto xenófilo, a proposição da culta Comissão, assim como já fizera o Parlamento brasileiro na frustrada revisão constitucional, não deixa de se aproximar do sistema adotado nos Estados Unidos.

Na esteira da inspiração alienígena, contabilizam-se outras propostas agravadas pela sua despojada qualidade lógico-jurídica que, mesmo que se lhe critique, caracteriza o anteprojeto da Comissão reformadora.

Por isso mesmo que é preciso lembrar das substanciais diferenças entre os dois regimes de Júri e que começa na sua implantação histórica: o norte-americano foi herdado aos ingleses e com os primeiros colonos foi instituída a Corte Popular.

Já o brasileiro foi introduzido em 1822, pouco antes da Independência, cuja superveniência deu-lhe curta ou nenhuma existência. Com outra configuração, integrou a primeira Carta Constitucional de 1824, isto é, três séculos depois, com maior amplitude, mas só a teve emolduração atual muitas décadas depois. Não era herança portuguesa: forjou-se na inspiração de juristas que buscavam sistema mais adequado à nossa cultura e formação históricas. Rui Barbosa que o diga (...)

É importante destacar o caráter político do Tribunal Popular, identificado no pêndulo ideológico-histórico de nossas Constituições, ritmado no seu avanço ou retrocesso, em simetria à vocação do constituinte de sua respectiva época, ou seja, a democrática ou ditatorial. Precisa-se de exemplos maiores que os da Carta de 1937, que o omitiu e que precisou de reação da sociedade jurídica para restabelecê-lo como preceito constitucional? Ou da de 1969 (Emenda Constitucional nº 1/69), que simplesmente aboliu a soberania dos veredictos? Justifica, pois, exigir do legislador o cuidado necessário quando tratar desta Instituição, que é tão cara para as tradições do País.

Na topografia de sua normatização no Estatuto Maior, impossível conceituar o Júri como ente jurídico na sua essencialidade, de vez que sobejamente demonstrado que, além da feição política, ele é, efetivamente, um direito e uma garantia individual do cidadão, concorrendo e vindo ao encontro do interesse da sociedade em julgá-lo, bastando ver, para tal conclusão, que ele não está incluído entre os órgãos do Poder Judiciário no exaustivo rol do art. 92, e, sim, no artigo 5º, XXXVIII, da Constituição Federal.

Vencido o impasse dogmático de seu estudo – que via o agente enquanto conduta e o fato enquanto tipo penal – sem dispensar a qualificação científica da própria dogmática jurídica, não há como deixar de isolar o crime doloso contra a vida como delito impregnado, sempre, de uma emoção humana – boa ou má – desalojando-o do compartimento comum com os outros crimes estudados em todas as áreas das ciências. Dele, o destaque para o bem jurídico ofendido – a vida – único irrecuperável e irreparável, seja por qualquer das visões que se permita ter a humanidade: religiosa, filosófica, antropológica, etc. Decorre da adição das circunstâncias emocionais e pela tutela da vida a impossibilidade de outorgar o direito de julgar pelo juiz monocrático.

Somente a sociedade pode julgar o delito que ela, por seus indivíduos, isolados ou agregados a outros, potencialmente podem cometer. Grosseiramente pode-se dizer que o ladrão furta, o vigarista frauda, o tarado estupra, etc. A qualificação individual não prevalece, todavia, para o homicídio.

A regra é de caráter genérico: todo homem pode matar. Por tal é que se diz que somente a soma das avaliações das circunstâncias do fato pelas diferentes personalidades que formam a proporcionalidade social do pensamento humano pode decidir sobre o *status libertatis* de seu igual, a partir da conduta que, aparentemente, foi violenta e injusta. É isto que justifica a existência do Corpo de Jurados, pois ele não decidirá apenas pela ruptura da ordem jurídica, mas investido dos sentimentos humanos que inspiraram o ato violento.

É relevante que se diga que o Júri norte-americano não se esgota no *guilty or no guilty*, e que lá não se fala em quesitos. Para alcançar a decisão unânime cobrada aos Jurados, estes, sem a presença de outrens que não os do conselho de sentença, debatem, discutem, decidem, enfrentam com plena liberdade os detalhes do fato, as circunstâncias e as situações e reconstituem as declarações, avaliam a prova e concluem pelo veredicto final.

Não há previsão no intento reformador brasileiro – como não havia quando da pretendida alteração via Constituição – similitude com este momento fragmentário do Júri americano. Ao contrário, no brasileiro é mantida a regra da incomunicabilidade dos jurados (art. 446, §§ 1º e 2º, do Anteprojeto). Assim, pelo Anteprojeto e pelo malsinado Projeto 629, o jurado decide num único movimento de memória o que apreendeu durante a fase da dialética de Plenário.

A verdade é que o detalhe fático eficaz para a condenação ou absolvição, na memorização universal, pode estar diluído no resíduo fixado pela pressão dos debatedores, da imprensa, etc.

Existem figuras de direito penal que não podem ser apresentadas inteiras ao jurado para sua identificação. A legítima defesa, por exemplo, é composta de vários elementos: a existência da agressão, sua injustiça, a contemporaneidade dela com a reação, os meios empregados, sua necessidade e moderação. Se não apresentadas de maneira decomposta, o jurado, certamente, não apreenderá conceitualmente o instituto (nem é sua função), do que derivariam, sem dúvida, graves injustiças. Se, todavia, os quesitos referirem-se aos elementos componenciais da excludente, isoladamente, ao serem afirmados, absolvem o acusado e apontam a razão fático-jurídica de sua decisão.

É de lembrar que o sigilo da votação também é preceito constitucional (art. 5°, XXXVIII, b, CF).[43] Ele, que já é violado tantas vezes pela unanimidade declarada no resultado da contagem dos votos, seria uma constante no sistema proposto pela nobre Comissão da Reforma do CPP.

No Júri, o antagonismo é a regra.

A qualidade técnica do acusador e do defensor estabelece, no mais das vezes, grande equilíbrio na sustentação de suas teses. É assim, e com essa carga de informações e interpretações, que o jurado se recolhe à sala especial. A investigação quesitorial expurga as dúvidas, expondo seu convencimento nas respostas fragmentárias dos quesitos, do qual resulta a mais justa das decisões.

Nesse momento, não há que se falar em especialidade técnica, cuja ausência na cultura dos jurados abriga, injustificadamente, tantas críticas à Instituição. Ao contrário, dispensa-se qualquer conhecimento da ciência jurídica ao jurado. Importa que seja idôneo e escolhido entre os membros da comunidade do agente. Releva que, distante do conhecimento técnico-jurídico, possa ele ser o auferidor das emoções ou qualquer razão subjetiva que impulsionou o homicida para, distante do conceito homem-ação, fato-tipo, justificar ou censurar a conduta ofensiva à vida.

A acusação que comumente se faz ao Júri de que ele é "teatro" não se afasta da verdade em sua realização de plenário. Os atores, todavia, empenham-se em informar o jurado, seja para se lhes conquistar a censura ou a compreensão, seja para que, com isto, possam se reportar subjetivamente ao palco dos acontecimentos e cotejar sua reação em situação similar. Mais crítica a situação do réu será com o afastamento da perspectiva de realização de seu ato pelo jurado. Mais próximo da verdade social estará sempre que convencer o jurado de que ele, em situação análoga, agiria como ele o fez. Afinal, esquecemos que o teatro antigo era meio de informação ao povo e

---

[43] Registre-se que nos EUA não há sigilo de votação, nem poderia, pela necessária unanimidade das decisões dos jurados. O sigilo observado naquele país é o da deliberação.

que através da interpretação ele podia entender os acontecimentos (trágicos ou não)?

Vê-se, pois, que não se trata de simples violação da norma ou simples realização do tipo penal. Esta é a diferença substancial da mensagem de Advogados e Promotores de Justiça, conforme sejam destinadas ao Juiz de Direito ou aos Juízes de fato. Àquele demonstrar-se-á o fato, as provas e a violação do direito ou, dentro dos conceitos jurídicos, a realização da figura excludente da criminalidade, etc; a estes, a interpretação será ampla, completa, valendo qualquer meio de persuasão, seja o simples discurso seja a interpretação cênica. O importante é informar e, assim, induzir os jurados a convencerem-se de detalhes do fato incriminadores ou dirimentes. O Juiz de Direito garantirá o respeito aos preceitos éticos e estará atento a que os jurados não sejam vítimas de artimanhas, táticas ou manobras que violem os seus convencimentos.

Impor ao jurado uma postura definitiva por força de apenas uma apreensão geral dos debates, será libertá-lo para seguir as condenações públicas feitas pela mídia, muitas vezes equivocadas; pela opinião unilateral dos distantes do quadro circunstancial do fato, de familiares da vítima ou do réu, etc.

Um estudo da Universidade de Yale, EUA, concluiu que as pessoas perdem 40% dentro de 20 minutos do que ouviram de uma apresentação (Walters, 1993), resultando dizer que muito mais esvai da memória rápida da pessoa se tiver que avaliar as informações do confronto verbal-informativo dos debatedores.

Ora, se não forem perscrutadas as circunstâncias detalhadas do fato, com linguagem clara e transparente, mesmo com sua adaptação à norma penal, corre-se o risco de julgamento com um mínimo de entendimento ou de apreensão informativa.

Merece ser colacionado um exemplo clássico: o professor expõe sua matéria usando de qualquer modelo didático. Ao pedir aos alunos, logo depois, dissertação a respeito, poucos dirão mais que 10% (dez por cento) do que verdadeiramente apreenderam. Se, todavia, forem indagados sobre cada uma das fases da exposição do docente, responderão com muito mais abrangência. Trata-se de fustigar a memória e buscar o armazenamento de dados que não estão à superfície e sujeitos à provocação imediata. É assustadora a idéia de julgamento sem instigar as lembranças do jurado.

A memória, em sentido lato, ensina Brugger (1987) "já a temos nas associações. Em acepção mais restrita, memória designa as representações reproduzidas, oriundas do inconsciente, quando a vivência anterior é reconhecida", ou, como na lição de Gerard Legrand (1983), "é a possibilidade que a consciência tem de evocar imagens recuando até o passado e reconhecendo-as como tais, e extrair os elementos de uma informação repetitiva ou não. A atividade que deriva desta possibilidade chama-se rememorização", e que certamente é aguçada pela provocação decorrente da indagação do ponto específico (crítico) do fato julgando, com evocação dirigida. A vivência, na hipótese do julgamento pelo Tribunal do Júri é a dos debates em plenário do qual deriva, na sua universalização, um conhecimento genérico.

O quesito, segmentando em sua função teleológica o comportamento do agente no fato, e da estrutura deste, faz com que o jurado "rememorize" o detalhe pertinente, isolando-o na indagação, e decisivo para a conclusão decisória.

Deste entendimento deriva a necessária quesitação em tantas séries quantos sejam possíveis para expor a verdade buscada e o justo aplicável.

Creio firmemente que o sistema brasileiro de deliberação é muito melhor que o norte-americano (ou qualquer outro), na medida em que, orientada a série de quesitos pelo Juiz de Direito, que a elabora nos limites da acusação e na amplitude da defesa, e votada na presença do Ministério Público, acusador particular ou assistente da acusação, e da defesa, preservados o sigilo das votações e a incomunicabilidade dos jurados, evita-se a influência entre os julgadores de fato.

Fácil concluir que a contaminação da vontade do jurado, já intimamente convicto, é evitada. Poupa-se-lhe, inclusive, de sofrer a influência da lei do mais forte, da ditadura do intelectual, da submissão do tímido pelo extrovertido, da sedução e de tantas outras hipóteses opressivas possíveis de ocorrer sob o regime anglo-americano entre os indivíduos-jurados, enquanto debatem na sala especial.

Ora, a oferta plural dos quesitos elimina dúvidas e angústias. O jurado, preservada a sua individualidade, torna-se igual aos seus pares e, provocada a memória, responderá com o vigor da completitude das informações. Não decidirá por impulso. Ele julgará distante de influência que não seja a de sua própria consciência, alimentada pelas informações colhidas durante o momento dialético de plenário. Escolherá livremente o detalhe que aprova e que desaprova, sendo que destes decorrerá seu voto e, pela maioria com seus pares, se for o caso, o veredicto final.

A verdade é que o fragmento votado pode tornar-se irrelevante diante de outras conclusões, também promanadas dos quesitos. Isto é, sua dúvida afoga-se na indagação completa, elemento por elemento, e na contagem dos sufrágios. Melhor para ele como indivíduo divergente, melhor para a sociedade pela vontade da maioria.

A proposição reformadora geraria, isto sim, o verdadeiro tormento bíblico, exatamente a quem devemos outorgar garantias de serenidade e certeza.

Não se pode, em nome de modernização, simplificação ou agilização, descuidar do bem jurídico tutelado e ofendido em risco de desconsideração no julgamento. Afinal, por isto que é o *status libertatis* do acusado que está em jogo. Não interessa ao indivíduo-réu ser julgado conforme a proposta de quesitos dos reformadores, nem ao indivíduo-jurado assim julgar.

Mais não interessa à sociedade que seus representantes julguem, condenem ou absolvam um de seus membros com verdadeira emasculação das oportunidades para superar suas dúvidas e angústias.

Com mais razão devem ser preservadas as séries de quesitos, talvez aumentando-as, na consideração de que o jurado decide por convicção íntima. Em não sendo o Tribunal do Júri órgão do Poder Judiciário, está excluído da ordem Constitucional emanada do art. 92, inciso IX, da Carta, para fundamentação de suas decisões. Ora, é através da quesitação detalhada que se define para a sociedade os pontos cruciais da condenação ou da absolvição. E ao condenado dar-se-á a conhecer, em respeito ao princípio da ampla defesa, o detalhe da censura do Tribunal do Júri, ou da rejeição de suas teses, diante da conduta dolosa contra a vida de alguém. E assim será pelo eventual sacrifício da tese defensiva, saberá ele da razão jurídica de sua condenação ou conhecerá a acusação a da absolvição.

Mas não é só por isso que resisto à idéia reformadora. É de contestar a afirmação de que os quesitos são causa de morosidade dos julgamentos. Ao contrário, são causas de sua eficiência e, aí, a sede diferenciadora do sistema norte-americano, cujas discussões deliberativas podem durar, inclusive, vários dias, sempre presente a possibilidade de dissolução do Conselho por não alcançarem os jurados a necessária unanimidade.[44]

Percebe-se, pois, um verdadeiro impasse se persistir a vocação reformadora, pois, se mantida a incomunicabilidade e o sigilo das votações (o que é inquestionável), ficará o jurado submetido ao raciocínio genérico, com os defeitos das informações conflitantes da acusação e defesa, buscando a solução para o questionamento neste meio conturbado e ambíguo. Não responderá com apego à verdade que apreendeu, já que ela se encontra no que se lhe estão sonegando indagar: no detalhe.

Não instado a captar a realidade na segmentação, na interligação anelar das questões concorrentes para o todo debatido, prolatará juízo de convicção tão temerário quanto o conflito informado.

Por isto que se exige cautela dos reformadores, pela autoridade e inspiração que se possa extrair da lição de Luis Recasens Siches: "enquanto filiados a uma determinada causa, os juristas por seu espírito de juristas, se vêem obrigados a considerar o jogo das forças sociais quando se defrontam com a tarefa da criação do novo direito. Portanto, aos jurisperitos incumbe dizer em que medida se pode ditar uma reforma, sem comprometer a estabilidade do Direito existente".

---

[44] Os julgamentos no Brasil, quando demorados, devem-se à leitura de peças do processo, muitas vezes de alentados volumes e exibição de vídeos, etc. Raras vezes pela inquirição de testemunhas ou interrogatórios de réus. O tempo de debates é demarcado pelo texto legal.

Referências bibliográficas

ACCIOLI, Wilson. *Instituições de Direito Constitucional*. Rio de Janeiro: Forense, 1981.
ALBUQUERQUE NETO, José. *Teoria Geral do Processo*. São Paulo: Saraiva, 1986.
ALMEIDA, Joaquim Canuto Mendes de. *Apud* José Frederico Marques. *A Instituição do Júri*. São Paulo: Bookseller, 1997.
ARAÚJO, Carla Rodrigues de. *Juizados Especiais Criminais*. Rio de Janeiro: Lúmen Júris, 1997.
AZEVEDO, Plauto Faraco. *Método e Hermenêutica Material no Direito*. Porto Alegre: Livraria do Advogado, 1999.
BARBOSA, Julio Cesar Tadeu. *O que é Justiça?* São Paulo: Abril Cultural/ Brasiliense, 1984.
BARBOSA, Rui. *Obras Completas de Rui Barbosa*. Rio de janeiro: MEC-Fundação Casa de Rui Barbosa, v. XXIII, Tomo III, 1976.
BASTOS, Celso Ribeiro e MARTINS, Ives Gandra da Silva. *Comentários à Constituição do Brasil*. São Paulo: Saraiva, vol. 2/266, 1989.
BENDA, Ernesto. *Derecho civil: parte general*. Madri: Editoriales de Derecho Reunidas, 1978.
BERISTAIN, Antonio. *In Revista de Informação Legislativa*, n. 122. Brasília: Ed. Senado Federal, 1994.
BISSOLI FILHO, Francisco. *Estigmas da criminalização – dos antecedentes à reincidência criminal*. Florianópolis: Obra Jurídica Editora, 1998.
BRECHT, Bertolt. *Teatro Dialético*. Rio de Janeiro: Ed. Civilização Brasileira, 1967.
BRUGGER, Walter. *Dicionário de filosofia*. 4ª ed. São Paulo: EPU, 1987.
BUBER, Martin. *Imagem do bem e do mal*. Petrópolis: Vozes Ltda, 1992.
CANÍBAL, Carlos Roberto Lofêgo. Júri. Participção e quesitação. Quesito genérico "de qualquer modo" que pulveriza a incidência constitucional. *In Revista da AJURIS*, n. 76, Porto Alegre, 1999.
CARVALHO, Salo; CARVALHO, Amilton. *Aplicação da pena e garantismo*. Rio de Janeiro: Lúmen Júris, 2001.
CERNICCHIARO, Luiz Vicente. *et alii, Direito Penal na Constituição*, São Paulo: RT, 1990.

CHINOY, Ely. *Introducion a la sociologia*. Buenos Aires: Editorial Paidos. 1976.

COUTURE, Eduardo J. *apud* Eugenio Raúl Zaffaroni, *En Busca de las Penas Perdidas*, 1989, p. 88

DIAS, Jorge de Figueiredo. *Direito processual penal*. Coimbra: Coimbra Editores, 1981.

DOTTI, Rene Ariel. *Código Penal e Legislação Complementar*. São Paulo: Saraiva, 1992.

DURKHEIM, Emile. *Le Suicide*. Paris: Librairie Felix Alcan, 1930.

FERNANDES, Antonio Scarance. *Processo Penal Constitucional*. São Paulo: Ed. Revista dos Tribunais, 1999.

FERRAJOLI, Luigi. *Derecho y Razón. Teoria del Garantismo Penal*. Editorial Trotta. Roma, Itália, 1997

FORTES, Luis Roberto Salinas. *Rousseau: Da teoria à prática*. São Paulo: Ática, 1976.

FRANCO, Ary de Azevedo. *O Júri e a Constituição federal de 1946*. Rio de Janeiro: Forense, 1956.

FUKUYAMA, Francis. *O Fim da História e o Último Homem*. in Experiência do Século . Porto Alegre: Palmarinca, 1992.

GIACOMOLLI, Nereu. *Juizados Especiais Criminais*. Porto Alegre: Livraria do Advogado, 2002.

GOLDBERG, Jacob. *Ensaio comparado de direito penal político Brasil-Cuba*. São Paulo: AAJ, 1990.

GOMES, Luiz Flavio. *Suspensão Condicional do Processo Penal*. 2ª ed. São Paulo: Revista dos Tribunais, 1997.

GRINOVER, Ada Pellegrini *et alii*. *Juizados especiais criminais: comentários à Lei nº 9.099/95*. 2ª ed. São Paulo: Revista dos Tribunais, 1995.

——. *Novas Tendências do Direito Processual*. Rio de Janeiro: Forense Universitária, 1998.

GROLLMANN, Ronaldt. *Novas Considerações sobre o júri – Questionário, Lei 7.209/84*. Curitiba: Juruá, 1992.

HELLER, Agnes. *Além da justiça*. Rio de Janeiro: Civilização Brasileira, 1998.

HESE, A.; GLEYSE, A. O crime e a pena. In *O Direito e a Vida Social*, Coord. A. L. Machado Neto e Zahide Machado Neto. São Paulo: Companhia Editora Nacional, 1966.

HOFFBAUER, Nelson Hungria. *Comentários ao Código Penal*. Rio de Janeiro: Forense, 1958.

HULSMANN, Louk. *Criminologia Crítica e o Conceito de Crime*. Porto Alegre: ESMAJURIS (apostila), 1991.

JESUS, Damásio E. de. *Lei dos Juizados Especiais Criminais Anotada*. São Paulo: Saraiva, 1997.

——. *Código Penal Anotado*, 2ª ed. São Paulo: Saraiva, 1991.

KIRCHMANN, Julius A. Von. *Apud* Eduardo Novoa Monreal. *Crítica e Desmistificación del Derecho*. Buenos Aires: EDIAR, 1985.

LANE, Sílvia Tatiana Maurer. *O Homem em Movimento. Psicologia Social*. São Paulo: Brasiliense, 1992.

LEGRAND, Gerard. *Dicionário de Filosofica*. Lisboa: Edições 70, 1983.

LOPES JUNIOR, Aury Celso Lima. A crise do inquérito policial: Breve análise. *In Revista da AJURIS*, n. 78, 2000.

LORAUX, Nicole. A tragédia Grega e o Humano, *in Ética* (Coord. Adauto Novaes). São Paulo: Companhia das Letras.

LUISI, Luiz. *O tipo penal, a teoria finalista da ação e a nova legislação penal*. Porto Alegre: Fabris, 1987.

LUZ, Delmar Pacheco da. *Júri: Um tribunal democrático*. Porto Alegre: FESMP, col. Estudos MP, n. 10, 2001.

LYRA, Roberto. *O Ministério Público e o Jury*. Rio de Janeiro: A. Coelho Branco Filho editor, 1933.

LYRA FILHO, Roberto. Carta Aberta a um Jovem Criminólogo: Teoria, Práxis e Táticas Atuais. *Revista de Direito Penal*, n. 28, Jul/Dez. Rio de Janeiro: Forense 1979.

MARQUES, José Frederico. *A Instituição do Júri*. São Paulo: Bookseller, 1997.

——. *Elementos de Direito Processual Penal*, Rio de Janeiro: Forense. Vol. III, item 723, 1965.

MAXIMILIANO, Carlos. *Hermenêutica e aplicação do direito*. São Paulo: Sariva, 1940.

MIRANDA ROSA, F. A. de. *Sociologia do direito*. Rio de Janeiro: Zahar Editores. 1981.

MONREAL, Eduardo Novoa. *Elementos para una Crítica e Desmistificación del Derecho*. Buenos Aires: EDIAR, 1985.

MORELO, Augusto. *El proceso Justo del garantismo formal a la tutela efectiva de los derechos*. Buenos Aires: Abeledo-Perrot, 1994.

MYRA Y LÓPEZ, Emilio. *Quatro gigantes da Alma*. 15ª ed. Rio de Janeiro: José Olympio, 1992.

NASSIF, Aramis. *Júri – Instrumento da Soberania Popular*. Porto Alegre: Livraria do Advogado, 1995.

NERY JUNIOR, Nelson; NERY, Rosa Maria Andrade. *Código de Processo Civil Comentado*. São Paulo: Revista dos Tribunais, 1999.

NOGUEIRA, Ataliba. *Apud*, Ary Azevedo Franco. *O Júri e a Constituição Federal de 1946*. 2ª ed. Rio de janeiro: Forense, 1956.

NUCCI, Guilherme de Souza. *Júri – Princípios Constitucionais*. São Paulo: Juarez de Oliveira, 1999.

OLAVARRIA, Carlos Zarraga. *Antropologia Jurídica*. Santiago: Jurídica Conosur, 1993.

ORTEGA Y GASSET, José. *Estudos sobre o amor*. Rio de Janeiro: Livro Ibero-Americano, 1960.

PEREIRA, José Hygino Duarte. *O Direito*. Rio de Janeiro: Mont'Alverne, 1894.

PESSANHA, Yvan Senra, *et al. Livro de Estudos jurídicos*, V. 3. Rio de janeiro: Instituto de Estudos jurídicos, 1992.

PINAUD, João Luiz Duboc. *A Outra Ágora. Alter Ágora*. Florianópolis. V. 1, p. 5/6. Maio.1994.

PONTES DE MIRANDA. *Tratado das Ações*. São Paulo: Revista dos Tribunais, 1971.

PORTO, Hermínio Alberto Marques. *Júri: Procedimento e Aspectos do Julgamento – Questionários*. 6ª ed. São Paulo: Revista dos Tribunais, 1990.

POULANTZAS, Nicos. *O Estado, o Poder, o Socialismo.* Rio de Janeiro: Paz e Terra, 1981.

RAMOS, João Gualberto Garcez. *Inconstitucionalidade do direito penal do terror.* Cutitiba: Juruá, 1991.

RIBEIRO, Renato Janine. *A Última Razão dos Reis.* São Paulo: Companhia das Letras, 1993.

ROSA, Antonio José Miguel Feu da. *In Seleções Jurídicas.* São Paulo: COAD, 1989.

ROSA, F. A. de Miranda. Sociologia do direito. Rio de Janeiro: Zahar Editores, 1981.

SANTOS, Boaventura de Souza. *Apud* Joaquim de Arruda Falcão. *O direito achado na rua.* Brasília: Universidade de Brasília. 1987.

——. *In: O direito achado na rua.* Brasília: Universidade de Brasília. 1987.

—— Notas sobre a história jurídico-social de pasárgada. *In: O direito achado na rua.* Universidade de Brasília. 1987.

SANTOS JUNIOR, Carlos Rafael. *Livro de Estudos Jurídicos.* Rio de Janeiro: IEJ, vol. 8, 1993.

SICHES, Luis Recasens. Forças Conservadoras e forças reformadoras no Direito. *In: O direito e a vida social* (Coordenado por A.L. Machado Neto e Zahidê Machado Neto), São Paulo: Cia Editora Nacional, 1966.

SILVA, José Afonso da. *Curso de Direito Constitucional Positivo.* São Paulo: Malheiros Editores, 1993.

SILVA, Ovídio Baptista; GOMES, Fábio Luiz Gomes. *Teoria Geral do Processo Civil.* Revista dos Tribunais : São Paulo, 1997.

——. *Tratado das Ações.* São Paulo: Revista dos Tribunais, 1971.

STRECK, Lenio Luiz. *Tribunal do júri – Símbolos e Rituais.* 2ª ed. Porto Alegre: Livraria do Advogado, 1993.

TUBENCHLAK, James. *Tribunal do Júri – Contradições e Soluções.* Rio de janeiro: Forense, 1991.

VASCONCELLOS, Arnaldo. Súmula de uma Teoria da Norma Jurídica. *In: Revista do Curso de Direito,* vol. 23/UFC, 1982.

VEGA, José Enrique Molina. *Marxismo y Derecho Constitucional: Análisis de la Concepción Marxista del Derecho Constitucional y las Institucionis Políticas. Tribunal de Maracaibo.* Caracas: Libreria Roberto Borrero, 1985.

WALTERS, Lilly. *Secrets of successful speakers.* New York: McGraw-Hill, Inc. 1996.

WEBER, Max. *Le savant et la politique.* Paris: Editora Plon, 1959.